पिंजर प्रेम प्रकासिया

(कबीर पर आधारित महाकाव्य)

पिंजर प्रेम प्रकासिया

(कबीर पर आधारित महाकाव्य)

रामानंद तिवारी

लोकभारती प्रकाशन

लोकभारती प्रकाशन
पहली मंजिल, दरबारी बिल्डिंग, महात्मा गांधी मार्ग
प्रयागराज-211 001
वेबसाइट : www.lokbhartiprakashan.com
ईमेल : info@lokbhartiprakashan.com

शाखाएँ : 1-बी, नेताजी सुभाष मार्ग, दरियागंज
नई दिल्ली-110 002
अशोक राजपथ, साइंस कॉलेज के सामने
पटना-800 006
1, अनमोल सोराबजी संतुक लेन, मरीन लाइंस
मुंबई-400002

प्रथम संस्करण : 2019
द्वितीय संस्करण : 2026

बी.के. आफसेट
नई दिल्ली द्वारा मुद्रित

PINJAR PREM PRAKASIYA
(MAHAKAVYA)

by Ramanand Tiwari

ISBN : 978-93-88211-62-8

मूल्य : ₹600

संतहृदय स्वर्गीय माता-पिता
एवं पथदर्शक गुरुजनों को

क्रम

सर्ग

विश्वजीत कुमार सिंह, भा.व.से.
आयुक्त,
नवोदय विद्यालय समिति, मुख्यालय-नोएडा

शुभाशंसा

अति प्रसन्नता का विषय है कि डॉ. रामानंद तिवारी ने अपने अथक परिश्रम और लगन से 'पिंजर प्रेम प्रकासिया' महाकाव्य की रचना की है। यह पुस्तक कबीर के जीवन-मूल्यबोध और सामाजिक विमर्श के वर्तमान परिप्रेक्ष्य को रेखांकित करती है। इसमें कबीर के जीवनानुभव से संबंधित विभिन्न पहलुओं को उनके व्यक्तित्व की समग्रता में देखने का प्रयास किया गया है। आज सामाजिक रूढ़ियों, विसंगतियों, अंधविश्वासों, आपसी भेदभाव, वैमनस्य और अनीति से घिरे वातावरण में कबीर पूरी तरह प्रासंगिक लगते हैं। आज के दौर में सामाजिक परिवर्तन के लिए कबीर एक मज़बूत संदर्भ के रूप में उभरकर सामने आते हैं।

कबीर ने अपने जीवन को सत्य के प्रयोगों की कसौटी पर कसा था। उन्होंने जीवन में अनुभव पर ज़ोर दिया- "मैं कहता हूँ आँखिन देखी, तू कहता कागद की लेखी।" कबीर का काव्य जीवन का काव्य है। उन्होंने अपने जीवन के यथार्थ का साक्षात्कार किया। यही उनका आत्मसाक्षात्कार था। उनकी पीड़ा एक व्यक्ति की पीड़ा नहीं थी; वह समूचे लोक की पीड़ा की सामूहिक अभिव्यक्ति थी। उनकी कविता में अपनी पहचान खोते मनुष्य की खोज है। कबीर का जीवन सरलता, सादगी और साधारणता से परिपूर्ण था। यही उनकी सबसे बड़ी असाधारणता थी। वे जीवन-सत्यों को प्रेम की कसौटी पर कसते हैं। उनकी भक्ति अनुभूति की उर्वर भूमि पर विकसित हुई है।

'पिंजर प्रेम प्रकासिया' रचनाकार की ऐसी प्रबंध-रचना है; जिसमें विषयवस्तु को जीवन-मूल्यबोध और सामाजिक परिप्रेक्ष्य में प्रस्तुत किया गया है। इसमें रचनाकार ने कबीर के जीवन और व्यक्तित्व को नए

जीवन-संदर्भों में दिखाने का प्रयास किया है। आज के समय में महाकाव्य की रचना करना एक कठिन कार्य है। इस दिशा में किया गया यह एक सराहनीय कदम है। इस पुस्तक में कथावस्तु की प्रबंधात्मक शैली एवं छांदिक शिल्प-विन्यास देखने को मिलता है। इस महाकाव्य में मानव-जीवन में प्रेम की अनिवार्यता, मैत्री, करुणा और बंधुत्व जैसे मानवीय मूल्यों को व्यक्त किया गया है।

आशा है, यह रचना आज के परिवेश में मानव-समाज को जीवन की नई दिशा दे सकेगी और इससे क्षीण होती मनुष्य की संवेदना को नया बल मिलेगा। मैं इस पुस्तक के प्रकाशन के लिए रचनाकार डॉ. रामानंद तिवारी को अपनी शुभाशंसा प्रेषित करता हूँ।

शुभकामनाओं सहित,

—विश्वजीत कुमार सिंह
आयुक्त

अति नियरे अति दूर

कबीर की ख्याति एक कवि के रूप में ही नहीं, एक चिंतक, विचारक, सर्जक और साधक के रूप में भी रही है। वे सामाजिक विभीषिकाओं से हमेशा दो-चार होते रहे हैं। उन्होंने जो कहा, उस पर अमल किया और जिया। अपने समय के सवालों से टकराना हमेशा बहुत कठिन और जटिल होता है। कबीर का रास्ता कोई बना-बनाया और कोई आसान रास्ता नहीं था। उन्होंने जो भी कहा, जो भी किया और जो जीवन जिया और जो भी उनके नाम से प्रकाशन की दुनिया में या किंवदंतियों के रूप में या जाने-अनजाने रूप से जाना जाता है, वह सभी कुछ ऐसा नहीं है। वह कबीर को सही परिप्रेक्ष्य में रखता ही है, ऐसा नहीं कहा जा सकता। उसमें अंतर्विरोध भी है, उसमें अतिवर्जनाओं की अजीबो-ग़रीब दुनिया है। कबीर ने जो राह चुनी, वह परंपराओं से नहीं आई; वह कठोर जीवन-संघर्षों, संग्राम और साधना से आई है। जब कबीर की ख्याति बहुत हो गई तो उनके नाम पर बहुत कुछ चल पड़ा। उसमें घर जोड़ने की माया का सूत्रपात भी हुआ। कबीरपंथ भी वहीं से निकला; कबीरमठ और कबीरचौरा भी। इनमें कबीर की भक्ति का महाकाश है; जो प्राय: उनके व्यक्तित्व से मेल नहीं खाता। कबीर के यहाँ कुछ भी 'रेडीमेड' नहीं है। वह सभी कुछ जीवन के तापों और तमाम अभावों से निर्गत है; जहाँ कविता, भाषा, साधना, अपने समय के समाज की क्रांतिकारिता, पीड़ादग्ध लोगों के जीवन की विद्रूपता, विडंबना, विरोधाभास और उन्हीं सब जटिलताओं के बीच से झाँकता लोक और लोक में व्याप्त क्रूरता की भयावहता भी है। कबीर उत्तरों से भरे हुए हैं। प्रश्नों का महासंग्राम भी है वहाँ; जो जीवन के घात-प्रतिघात, प्रश्नों, वास्तविकताओं एवं विद्रूपताओं से आए हैं।

जाति और धर्म के ऊँच-नीच प्रश्न कबीर को जलाते भी हैं और उनसे लोहा लेने का हौसला भी देते हैं। कबीर की पैठ जितनी इतिहास में हैं, उससे कहीं ज़्यादा लोक और लोकोत्तर में है। संभवत: इसीलिए उनकी कविता सूत्रों में और लोक में बिंधी हुई कविता के रूप में ज़्यादा मुखर है। वे अपने समय की सामाजिकता और धार्मिकता की रूढ़ियों में, आर्थिक दुष्चक्रों में और सांस्कृतिक अध:पतनों में कहीं खो नहीं जाते। वे जागते भी हैं और जगाते भी हैं। जातिगत पीड़ाओं, वर्गगत परिप्रेक्ष्यों में वे निरापद नहीं हो जाते।

उनकी चेतना हर जगह सक्रिय रही है। जितना ठेठ उनके अनुभव-अनुभूति का वास्तविक पक्ष है, उतनी ही पुख़्ता उनकी कल्पना की छवियाँ भी हैं। लोक पहले है और शास्त्र बाद में। लोक शास्त्रीयता को बार-बार तोड़ता है और नित नया रूप अख़्तियार करता है। कबीर की प्रासंगिकता इस संदर्भ विशेष में भी है। वे जितने प्रश्न लोक-संदर्भों से उठाते हैं, उतने ही लोक से परे भी उठाते हैं; क्योंकि लोक ने परलोक को बनाया है। परलोक हमारी कल्पनाओं की दुनिया है। उसकी वास्तविकता में भ्रमों का भयावह संसार है।

कबीर अपने समय और समाज के व्यापक प्रश्नों से हमेशा जूझते रहे। यही नहीं, वे नाथों, सूफ़ियों, पौराणिक मान्यताओं और योग के अनुशासनों से भी लोहा लेते रहे। उनकी आवाजाही और पहुँच सभी जगह है। कबीर में जितनी प्रेम की वाणी है, प्रेम की प्यास है, उतना ही ज़्यादा विरोध और विद्रोह का जलता हुआ लावा भी है। सच तो यह है कि उनके लिए कोई भी क्षेत्र वर्जित नहीं रहा और वे कहीं भी बँधे नहीं रहे। वे जितना रू-ब-रू पंडितों से होते हैं, उसी अनुपात में मुल्लाओं से भी। वे अन्य मज़हबों के लोक में भी जाते हैं। कबीर के यहाँ जितनी यथार्थ की अभिव्यक्ति है, उतना ही कल्पनाओं का विस्तृत लोक भी है। वे हर जगह पाखंड का खंडन करते हैं। वे बने-बनाए उन रास्तों को ढहाते हैं; जो आदमी को विकास के रास्ते से भटकाते हैं। उनको पूर्णतः किसी का शिष्य समझना भी प्रायः भूल है। वे सामंती समाज की पोल खोलते हैं और हर संकीर्णता की दीवार ढहाते हैं।

इतिहासकारों ने, साधक-मंडली ने कबीर की अपने-अपने तरीके से और अपनी तरह से पहचान की। उनके चिंतन-लोक में तंग ख़्यालियों के लिए कोई जगह कभी नहीं रही। वे जितने भक्त, उतने सूफ़ी, उतने ही साधक, फ़क़ीर, संन्यासी और कनफटा योगी भी रहे हैं; लेकिन सबसे बड़ी बात यह है कि वे अब्बल दर्जे के मनुष्य भी हैं; जो हमारे समाज में तिल-तिलकर जलता है और लगातार उसे अपमानित और त्याज्य रूप में पेश किया जाता है। उन्होंने ज़िंदगी को लढ़ा (अनुभव का सच) भी है। उनके यहाँ मनुष्य का सत्य बोलता है, मनुष्य की पीड़ाएँ बोलती हैं; जहाँ मनुष्य के विकास के अनंत रास्ते खुलते हैं। उनकी मनुष्यता की सीमा में सब कुछ तिरोहित हो जाता है। कबीर ने इस मान्यता का खंडन किया कि काशी में मुक्ति मिलती है और मगहर में नरक। इसीलिए वे मगहर गए। उनकी प्रसिद्ध उक्ति है- "जो कासी तन तजै कबीरा, रामहि कहा निहोरा रे।" अनुभव की विराटता का सहकार उनकी रचनात्मकता और साधना की भूमि में है। कबीर ने जिन शब्दों को हमारे सामने रखा उन्हें आप किसी भी तरह ख़ारिज नहीं कर सकते। कबीर को कहाँ-कहाँ खोजा जाए? कबीर कहाँ नहीं हैं? हम

चाहें तो उन्हें खोज सकते हैं- उनकी कविता, उनकी साधना और उनकी नायाब भाषा में; जिसे भाषा का जनतंत्र कहा जाता है। कबीर ने भाषा की संकीर्णताओं की प्रायः हर तरह की दीवार ढहाई है। अली सरदार जाफ़री के ये शब्द ध्यान से सुने जाने चाहिए- "हमें आज भी कबीर के नेतृत्व की ज़रूरत है, उस रोशनी की ज़रूरत है; जो इस सूफ़ी संत के दिल से पैदा हुई थी। आज दुनिया आज़ाद हो रही है। विज्ञान की असाधारण प्रगति ने मनुष्य का प्रभुत्व बढ़ा दिया है। उद्योगों ने उसके बाहुबल में वृद्धि कर दी है। मनुष्य सितारों पर कमंदें फेंक रहा है; फिर भी वह तुच्छ है, संकटग्रस्त है, दुःखी है। वह रंगों में बँटा हुआ है, जातियों में विभाजित है। उसके बीच धर्मों की दीवारें खड़ी हुई हैं, सांप्रदायिक द्वेष है, वर्ग-संघर्ष की तलवारें खिंची हुई हैं। बादशाहों और शासकों का स्थान नौकरशाही ले रही है। दिलों के अंदर अँधेरे हैं। छोटे-छोटे स्वार्थ और दंभ हैं; जो मनुष्य को मनुष्य का शत्रु बना रहे हैं। जब वह शासन, शहंशाहियत और प्रभुत्व से मुक्त होता है तो ख़ुद अपनी बदी का ग़ुलाम बन जाता है। इसलिए उसको एक नए विश्वास, नई आस्था और नए प्रेम की आवश्यकता है; जो उतना ही पुराना है, जितनी कबीर की आवाज़ और उसकी प्रतिध्वनि इस युग की नई आवाज़ बनकर सुनाई देती है।" (कबीर बानी, पृष्ठ: 27-28)

कबीर को समग्रता से खोजने के प्रयत्न होते रहे हैं। इतिहास, संस्कृति, रचनात्मकता और अन्य रूपों में उनकी छवियों को देखने-समझने की अनेक विधियाँ भी सामने आई हैं। कबीर के विचारक एक या दो प्रकार के नहीं हैं; उनके अनेक रूप हैं; जैसे- हजारीप्रसाद द्विवेदी, पुरुषोत्तम अग्रवाल, धर्मवीर, अभिलाषदास इत्यादि; जिन्होंने कबीर को विस्तार से जानने के प्रयत्न किए हैं। दिन-ब-दिन कबीर का महत्त्व बढ़ता ही जा रहा है। यह कबीर की जीवन-दृष्टि और उनके आचार-शास्त्र का मामला है। कबीर की व्याख्याएँ और अन्वितियों की तलाश भी हुई है और अभी भी हो रही है। उनका बहुवर्ती, बहुतत्त्वदर्शी और बहुआयामी रचनात्मक ग्राफ़ लगातार सामने आता रहा है। क्या वजह है कि हमारी दुनिया में अनेक तरह के रेले आते रहे हैं- कभी भक्ति की आँधी, कभी कर्मकांड का तांडव, कभी भूमंडलीकरण, कभी बाज़ारवाद, कभी आधुनिकता और कभी उत्तर आधुनिकता के रूप में। अभी भी कोई दावा नहीं कर सकता कि कबीर को पूरा पाया जा सका है; चाहे वे धर्मवीर हों, पुरुषोत्तम अग्रवाल हों, हजारीप्रसाद द्विवेदी हों, अभिलाषदास हों, अली सरदार जाफ़री हों। उन्होंने कोई दावा नहीं किया कि उन्होंने कबीर को पूरा पा ही लिया। कबीर अपने कथ्य में, अपनी शैली में अनूठे रहे हैं। उनकी काव्य-पंक्तियों को लेकर

कितने कालम लिखे गए, कितनी व्याख्याएँ हुईं, उसकी एक अलग कहानी है। यह एक लंबा विषय और प्रसंग है।

रामानंद तिवारी ने कबीर को केंद्र में करते हुए एक महाकाव्य लिखा- 'पिंजर प्रेम प्रकासिया।' रामानंद का प्रयत्न रहा है कि वे कबीर के परिप्रेक्ष्य को हमारे सामने प्रत्यक्ष कर सकें। आज के दौर में यूँ तो प्रबंध-काव्यों के कोई रूप, रंग, रेखाएँ सामने नहीं आते और आते भी हैं तो लगभग घिघियाते हुए या सिमटते हुए। पूर्व में तो लंबी कविताओं का चलन था; अब तो हम उससे भी बाहर हैं। प्रश्न है कि क्या कबीर को इस कैनवास में देखा जा सकता है? रामानंद की इस रचना को कबीर की रचनात्मक परंपरा के दायरे से बाहर निकालकर नवीन रूप में रखने की कोशिश के रूप में भी देखा जाना चाहिए। वे इसी में कबीर का निदर्शन करना चाहते हैं। कई वर्षों के परिश्रम के बाद उनकी रचनात्मकता छनकर सामने आई; जिसमें कबीर का अवगाहन दो रूपों में सामने आ रहा है- पहला छंद के दायरे में और दूसरा नई कविता की मुक्त रूपावस्था में। यह महाकाव्य कबीर के जीवन के तात्त्विक तथा दार्शनिक अंदाज़ और समाज की विधिवत व्याख्याओं में और कबीर की व्याप्ति की दुनिया में भी है। कवि ने कबीर पर गहरा अनुसंधान किया है। इसके लिए वह कबीर के संबंध में फैली ज्ञान-राशि को सँजोता रहा है और सभी का उपयोग अपनी परिधि में करने का प्रयत्न किया है।

यह महाकाव्य कवि रामानंद के लंबे सोच-विचार और चिंतन का परिणाम है। पंद्रह सर्गों में कवि की बेचैनियों के शिखर भी आप देख सकते हैं और कबीर को पाने के उद्यम भी, कबीर के जीवन की दार्शनिक प्रपत्तियों को समझने-बूझने के प्रयास भी, कबीर का संघर्ष, कबीर द्वारा किए हुए काम और भयावह घुप्प अंधकार से मानवीय समाज को प्रकाश की ओर ले जाने के गंभीर प्रयत्न के रूप भी। इसके सर्ग हैं- प्रतीक्षा, आगमन, गतिरोध, संघर्ष, आकुलता, अवबोध, परिणय, आवेग, चिंतन, विमर्श, कौतुक, निदर्शन, संयोजन, प्रयाण और प्रत्यय। ये मात्र शब्द भर नहीं है; इस अन्विति के भीतर कबीर के जीवन, पारिवारिक संदर्भ, सामाजिक उथल-पुथल, कबीर की मानसिक बुनावट और उनकी चिंताओं, कबीर के संघर्ष और संकल्पों तक भी पहुँचा जा सकता है। उनके जीवन-उद्वेग एवं सामाजिक प्रत्ययों को उनके जीवन-टकराव और आत्मबोध में भी खोजा जा सकता है। इसमें कबीर के मनोविज्ञान और दार्शनिक प्रपत्तियों को जीवन के विराट रूपाकारों में खोजने के प्रयत्न भी हुए हैं। कबीर को जानने का उद्यम रामानंद ने प्रेम के सक्षम व्याख्याकार के रूप में, संवेदना से छलछलाते आदमी के रूप में, कुरीतियों से लोहा लेने वाले के रूप में भी रखा है तथा हमारे समाज

में प्रचलित विभिन्न रूपों को भी देखा है। कबीर किसी भी तरह अवतारी या रहस्य-लोक में नहीं हैं। कबीर वाच्यार्थ में, लक्षणा में और व्यंजना में भी हैं। कबीर की सोच जीवन की विभिन्न परिधियों में से संघर्षशीलता की राह चुनने की रही है। इसी राह से वे जीवन के व्यापक परिप्रेक्ष्य को आँकते हैं।

कबीर ने अपने समय और समाज के तमाम पाखंडों को मूर्तिमान किया है। रामानंद सत्ता के उपजे हुए निरंकुश रूपों, जाति-धर्मों के पाखंड और मनुष्य की बेचैनी को इस महाकाव्य में उजागर करते हैं। ऐसा नहीं है कि मानवीय मूल्यों का जिस तेज़ी से आज क्षरण हो रहा है वह कबीर के समय में अदना-सा रहा होगा। तब भी इसके दीर्घ रूपाकार रहे होंगे। कबीर किसी का लिहाज़ न करने वाले अप्रतिम रचनाकार रहे हैं। उन्होंने अपनी वास्तविकता को भी नहीं छिपाया- "जदि का माइ जनमियाँ, कहूँ न पाया सुख/डाली-डाली मैं फिर्या, पातो-पातो दुःख।" अर्थात् जब से माता ने मुझे जन्म दिया, न तो सुख मिला, न कहीं कोई छाँह। सुख के लिए मैं डाल-डाल फिरा तो दुःख पत्ता-पत्ता दौड़ा। ये हमारे जीवन और समय की संवेदनाओं का गहरा सच है। उनकी कविता जाग्रत मानवीय विवेक से संचालित कविता है। रामानंद तिवारी इन बातों को कभी भूले नहीं। कबीर के इस रूप को उन्होंने बहुत सावधानी पूर्वक और विवेक सम्मत तरीके से अपने महाकाव्य में रखने का प्रयास किया है।

कबीर विस्तार के कवि है; लेकिन उनकी कविता तर्क, विवेक और आदमीयत की त्रिवेणी से संचालित होती है। उनके यहाँ आत्मालोचन भी है और अपने सुख-दुःख के साथ ही ज़िंदगी के मर्म को अपने लेखन के पटल पर रखने के प्रयत्न भी। वे इसका परीक्षण तात्कालिकता से नहीं, प्रेम, बहादुरी और भरोसे से रखते हैं। रामानंद ने कबीर के संबंध में फैली हुई अतिरंजनाओं के बरअक्स उनके मनुष्य और उनकी कविता की अपार ताक़त को बार-बार रेखांकित किया है। हाँ, कबीर की असाधारणता उन्हें बार-बार लुभाती रही है। इसके बावजूद कबीर के बारे में फैले हुए देवत्ववाद के समानांतर उनकी मनुष्यता की लगातार वे खोज करते हैं। रामानंद यह भी नहीं भूले कि कबीर की रचनात्मकता में ज्ञान का प्रसार और विस्तार भी है तो विवेक का संतुलित अधिकार भी। कबीर के द्वारा प्रयुक्त बीज शब्दों को भी उन्होंने इस महाकाव्य में रेखांकित करने का प्रयास किया है।

कबीर पर काम करना हमेशा चुनौतीपूर्ण और जटिल काम रहा है। परंपरा से प्राप्त कबीर और लोक में विराजित कबीर, ज्ञान की लुकाठी लेकर चलने वाले कबीर तथा अंतर्विरोधों के रसायन से तैयार कबीर, ये बहुत सारे मुद्दे हैं; जो रामानंद तिवारी के ध्यान में बार-बार आते रहे हैं और इन्हीं बिंदुओं के बीच से उन्होंने अपनी रचनात्मकता की राह चुनी है।

कबीर पर काम करना, उनके सामाजिक यथार्थ को सूक्ष्मता से ग्रहण करना और उसे रचनात्मकता में बदलना हमेशा चुनौतीपूर्ण काम रहा है। कबीर अपने समय को कैसे देखते हैं और व्यवहार करते हैं, इसका एक उदाहरण 'संघर्ष' नामक सर्ग में देखा जा सकता है- "कबीर ने देखा/प्रबल व्यतिरेक/मानव की नियति का/मुक्तता है प्रेय उसको/किंतु स्वीकृति बंधनों की/बँध गए हैं पाँव/अपनी ही कुमति की अर्गला में/है फँसा संसार/अपने ही बनाए/चक्रव्यूहों के दहर में/सूत्रधर निर्माण का जो/आज वह कारण बना है/ध्वंस की विद्रूपता का/धर्म की संज्ञा लिए/करता हुआ/मिथ्यात्व का जयनाद!"

मुझे आश्चर्य होता है कि कबीर जिन विराट प्रश्नों से जूझते रहे; यानी जीवन, जगत और अध्यात्म की दुनिया के संदर्भों को कैनवास के विभिन्न रंगों में भरने का उद्यम करते रहे हैं, उसमें कबीर का कहा भी है और अनकहा भी। जितना उनके बारे में विचार किया गया है यानी कहा गया है, उससे ज़्यादा अभी भी अनकहा है। रामानंद लिखते हैं- "बनते-मिटते चलचित्रों में/हर चेहरे की पहचान लिए/यात्रा-पथ के सन्नाटे में/पीड़ा के स्वर का गान लिए/सागर की लहरों-सा बढ़कर/जो नाप सके हर गहराई/है कौन पथिक जग में ऐसा/जिसकी करुणा की थाह नहीं।" (चिंतन सर्ग) उनकी कहन और भाव-भंगिमाओं को हँसकर न तो टाला जा सकता है, न उनसे अलग होकर भागा जा सकता है; क्योंकि कुछ पद्धतियाँ उन्हें घर जोड़ने की माया में फिट कर देती हैं तो कुछ उनको तथाकथित देवत्व के खूँटे में बाँध देती हैं। कबीर की सामाजिक सजगता हमारे रोज़-रोज़ के जीवन में वैचारिकता एवं प्रपत्तियों के साथ घुल-मिल गई है। जाति-प्रथा, पाखंड और निर्ममता के सभी दायरों को कबीर तोड़ते हैं। मुझे उनका महत्त्व कविता के अंदर से ही रसवान और अर्थवान लगता है। अलगाव न तो उनकी सोच में है, न तो उनकी भाषा और वाणी में। वे हर तरह के घरौंदे तोड़ने वाले, दरवाज़ों और खिड़कियों के बंद जीवन को और सोच को अलगकर एक उन्मुक्त जीवन को हमेशा प्रत्यक्ष करते हैं। उनके यहाँ केवल आँखिन देखी भर नहीं है; बल्कि जीवन-देखी और सोची-समझी भी है। कबीर स्थूल के नहीं, सूक्ष्मता के पारखी हैं। रामानंद का 'पिंजर प्रेम प्रकासिया' महाकाव्य पढ़ते हुए मुझे विजयदेव नारायण साही की कविता लगातार उद्वेलित करती है- "परम गुरु दो तो ऐसी विनम्रता दो/कि अंतहीन सहानुभूति की वाणी बोल सकूँ/और यह अंतहीन सहानुभूति पाखंड न लगे/दो तो ऐसा कलेजा दो/कि अपमान, महत्त्वाकांक्षा और भूख/कि गाँठों में मरोड़े हुए/उन लोगों का माथा सहला सकूँ/और इसका डर न लगे/कि कोई हाथ ही काट खाएगा।" (प्रार्थना गुरु कबीरदास के लिए)

कबीर को पढ़ना, गुनना, जानना, बूझना बहुत सहज काम नहीं है। उनकी वाणी की तासीर में अंत:प्रवाहित और बाह्य प्रपत्तियों के तमाम रूपों को हृदय में बसाना अत्यंत दुष्कर कार्य है। कबीर के शब्दों में कहें- "कबीर मुख कहा न जाई/न कागद पर अंक चढ़ाई/मानो गूँगे सम गुड़ खाई/कैसे बचन उचारा हो।" (कबीर का एक पद) रामानंद तिवारी ने जब ठाना होगा कि उन्हें कबीर पर लिखना है तब से वे उन्हें देख-सुन और समझ रहे हैं। कबीर के अंदरूनी संघर्ष के परिप्रेक्ष्य में वे एक ख़ूबसूरत बात भी कहते हैं- "मैं बिखरा कथानक हूँ/अकथ जीवन-कथा का/बहरे समय की/अनसुनी आवाज़ हूँ मैं/सुन लो मुझे।" (संघर्ष सर्ग) इस महाकाव्य को पढ़ते हुए लगा कि उसमें कबीर का लक्ष्य भी है और अलक्ष्य भी, द्वंद्व भी है और निर्द्वंद्वता भी। कबीर में प्रतिरोध, अस्वीकार, विद्रोह और विरोध के साथ समाज की जड़ता से मुक्ति का सक्षम प्रयास भी है- "अधमरी मूर्च्छित व्यवस्था का/लिखिल वह पाठ ऐसा/यातनाओं से पटे हैं/पटकथा के पृष्ठ कितने/दब गईं सदियाँ अनेकों/सभ्यता के खंडहर में/गर्द बन उड़तीं हवाएँ/प्रश्न के तीखे प्रहर हैं/घाव की अपनी व्यथा है/क्षार होती ज़िंदगी में।" (संघर्ष सर्ग)

कबीर के यहाँ साहस का अक्षय कोष है तो दूसरी ओर अंतर्विरोधों को पहचानने की कूबत भी। कबीर अन्याय के ख़िलाफ़ जूझने का हौसला रखते हैं और हमें वैसी राह भी देते हैं। उनके अनुभव-संसार में, उनकी सोच-प्रणाली में अंधविश्वासों, पाखंडों, कर्मकांडों के ख़िलाफ़ एक दुर्धर्ष समर भी है और जनता के साथ एकाकार होने की बलवती इच्छा भी। कबीर सामाजिक न्याय की विश्वसनीय आवाज़ के रूप में हमेशा स्मरण में रहेंगे। कवि रामानंद की कुछ काव्य-पंक्तियाँ अत्यधिक मौजू हैं- "मिलता जीवन के पथ पर/जो सौंदर्य सुखद/वह नहीं सत्य की माप/परीक्षा का क्षण वह/घूमती समय की सुई जहाँ/अपनी गति में/टिक्-टिक् करती/कहती जाती/रुककर संवाद करो/अपने अंतस्स्वर में/मन के भीतर/सुंदरता का संसार/जहाँ पर बसता है।" (चिंतन सर्ग) कबीर मनुष्य में व्याप्त समूची चीज़ों के सहने के विरोधी हैं; इसलिए कवि ने सच ही लिखा है- "लिपटे हैं धर्म यहाँ पर/अपने-अपने झंडों में/यह देश हमारा फिर से/डूबा है पाखंडों में/डर लगता है जाने से/पंडों के मठ-आश्रम में/सर्पों का वह चंदनवन/मानव है फिर भी भ्रम में/खंडित हैं लोग मतों में/धर्मों में, जाति-प्रथा में/अभिप्राय हुए हैं बहरे/शब्दों की अर्थ-कथा में।" (प्रत्यय सर्ग)

प्रश्न बराबर उठता है कि कबीर का प्रदेय क्या है, उनकी जीवन-रेखाओं का फैलाव क्या है? कबीर अंतर्विरोधों के बीच से जीवन का अटूट सत्य तलाशते हैं। वे सिद्धांतों में नहीं, वरन् आचरण की नई भाषा में प्रस्तुत होते हैं।

रामानंद लिखते हैं- "अपने दु:ख से भी ज़्यादा/दुनिया का उनको दु:ख है/सहसा विश्वास न होता/जो आँखों के सम्मुख है/अपने घर में रहकर भी/इंसान हुआ बेघर है/इस दुनिया के मेले में/खोया हर गाँव-शहर है/जब-जब देखा दु:ख जग का/अंतर् मेरा रोया है/मानव के हेतु सदा ही/मैंने सब कुछ खोया है। (प्रत्यय सर्ग) रामानंद तिवारी ने कबीर के जीवन, कविता और विचारों के आलोक में एक विराट सपना भी देखा और वे इसी सपने को पाठकों के सामने प्रत्यक्ष और जीवंत करना चाहते हैं। कबीर की संवेदनात्मकता, अनुभवलोक की व्यापकता, उनकी समाज-सापेक्षता हमें बार-बार आंदोलित करती है। कबीर के यहाँ एक इच्छालोक है। रामांनद के शब्दों में- "जग में न कहीं दु:ख-दाह रहे/सबकी मंगलमय राह रहे/जीवन में रस की धार बहे/सबका सुखमय आषाढ़ रहे/धरती नित देती रहे अन्न/जग में सब प्राणी हों प्रसन्न/मैं चला सत्य की लिए राह/अब और न कोई मुझे चाह।" (प्रयाण सर्ग)

कबीर का लेखन, जिजीविषा और उनकी अंत:प्रवाहित प्राप्तियाँ निरंतर नए-नए रूपाकारों में आती हैं। आज के दौर में अस्पृश्यता, दलित एवं स्त्री-विमर्श के संबंध में हो रही चर्चाओं के उत्स में भी कबीर हैं। इस महाकाव्य में इसके भी संकेत देखने को मिलते हैं। कबीर फुटकर के नहीं, समग्रता के ज्ञाता हैं। वे कुल मिलाकर जीवन के तमाम रूपों की खोज करते हैं। वे हर जगह धँसते हैं और उस वास्तविकता को पाने का उद्यम करते हैं; जो बार-बार जीवन में बैरियर के रूप में घेरती है। कबीर की रचनात्मकता में जीवन की अदम्य प्यास भी है और ग़लतियों का सक्षम प्रतिरोध भी। रामानंद लिखते हैं- "जीवन एक अनुभव है/संसार में रहने का/समाज में जीने का/जड़ता की निद्रा से/जाग्रत चेतनता में/जाने की यात्रा यह/समय की आवृत्तियों में/घूमती हैं बार-बार/जीवन की दृश्य-छवियाँ। (संयोजन सर्ग) विश्वास किया जाना चाहिए कि रामानंद तिवारी में कबीर को खोजने की जो उत्कंठा रही है, कबीर की वास्तविकता को उजागर करने की जो प्यास रही है, उनकी असलियत को पाने की जो इच्छा रही है, मुझे लगता है कि इसके लिए उनके द्वारा किया गया यह गंभीर प्रयास हमारी जिज्ञासा को निरंतर नए-नए पंख देगा।

—सेवाराम त्रिपाठी

रजनीगंधा-06, शिल्पी उपवन,
श्रीयुत नगर, अनंतपुर, रीवा (म.प्र.)-486002

कहा...अनकहा...

मध्यकालीन भारतीय धर्म-साधना में कबीर का आगमन एक महत्त्वपूर्ण घटना है। उनका आविर्भाव ऐसे समय में हुआ, जब समूचा मानव-समाज नाना मत-मतांतरों, धार्मिक आडंबरों, अंधविश्वासों एवं सामाजिक रूढ़ियों में पूरी तरह जकड़ा हुआ था। क्या हिंदू, क्या मुसलमान- कबीर के हस्तक्षेप और विद्रोह का स्वर सभी के लिए एक जैसा प्रचंड था- "पंडित-मुल्ला जो लिख दिया, छाँड़ि चले हम कछू न लिया।" उनकी कविता समन्वय की नहीं, विद्रोह और ध्वंस की कविता है।

कबीर का काव्य जीवन-साधना का काव्य है। एक गृहस्थ होकर भी संसार से निर्लिप्त रहना उनकी साधना की सबसे बड़ी कसौटी है और आत्मदृढ़ता का अतुल्य उदाहरण भी। उन्होंने अनल-पक्षी की तरह समय की आग में जलते हुए समाज की चुनौतियों से संघर्ष किया। उस संघर्ष ने ही उन्हें जीवन को समझने का अनुभव दिया। उनकी कविता जीवन-अनुभव और संघर्ष की कविता है; जिसमें समूचे लोक-जीवन की व्याप्ति है। वे संसार को जगाने के लिए स्वयं दु:खों में जीते रहे- दुखिया दास कबीर है, जागै अरु रोवै। उनके रुदन में संपूर्ण विश्व की करुणा थी।

कबीर इसी लोक के एक सामान्य मनुष्य थे; किंतु कुछ लोगों ने उन्हें अलौकिक बना दिया। यहाँ लोग बनने का नहीं, बनाने का काम ज़्यादा करते हैं। जिस महात्मा बुद्ध ने मानवीय करुणा के आगे ईश्वर की सत्ता को भी नकार दिया, हिंदुओं ने अपना पक्ष मज़बूत करने के लिए उन्हें विष्णु का अवतारी बना दिया। इसी तरह कुछ लोगों ने कबीर को कमल के पत्ते पर अवतरित कराया, किसी ने विधवा ब्राह्मणी के गर्भ से उनके पैदा होने की बात कही; ताकि उनका ब्राह्मण होना प्रमाणित हो सके। कबीर ऐसे लोगों को ज्ञान की चुनौती देते हुए अपनी बात सतर्क कहते थे- "तू बाभन मैं कासी का जुलाहा, बूझहु मोर गियाना।"

कबीर एक ऐसे संत कवि हैं; जिनकी कविता में शांति का मधुर संगीत भी है और क्रांति का भीषण हुंकार भी, प्रेम की शीतल बयार भी है और विद्रोह का प्रचंड ताप भी, मिलन का मधुर उल्लास भी है और विरह की असह्य व्याकुलता भी, भक्ति की गहन रसमयता भी है और ज्ञान

की अतुल्य पराकाष्ठा भी। यदि अर्थ की व्यंजकता कविता की कसौटी है तो संतत्व जीवन की। संतत्व और कवित्व दोनों एक ही राह के सहचर हैं। प्रेम की संवेदना के बिना संतत्व की प्राप्ति नहीं हो सकती। प्रेम ही जीवन-यात्रा का प्रस्थान-बिंदु है। कबीर की काव्य-यात्रा जीवन-यात्रा के इसी प्रस्थान-बिंदु से आरंभ होती है। वे प्रेमानुभूति के कवि हैं। प्रेम के इस बीज तत्त्व को समझ लेने के बाद अपने-पर का भेद टूट जाता है और फिर 'समष्टि' के बीच 'अपने होने का अर्थ- अपने खोने का अर्थ' (लाली देखन मैं चली, मैं भी हो गई लाल...) अपने वाच्यार्थ को छोड़कर जीवन की व्यंजकता को प्रकाशित करता है। कबीर की कविता जीवन की इसी प्राकृत व्यंजना का अर्थ खोलती है। उनकी कविता में संसार की निस्संगता भी है और लोक का अखंड राग भी। उन्होंने बौराए हुए जग को सच की राह दिखाई।

कबीर की कविता में प्रश्नाकुलता की तड़प भी है और वेदना की पुकार भी। वेदना में ही कविता का जन्म होता है; जो काव्य की आत्मा कही जाती है-

"काव्यस्यात्मा स एवार्थस्तथा चादिकवेः पुरा।
क्रौञ्चद्वन्द्ववियोगोत्थः शोकः श्लोकत्वमागतः।।"

-ध्वन्यालोक, 1-5

कबीर की कविता जीवन का महाकाव्य है। उनकी कविता उनके ज्ञान की भी साक्षी है और जीवन की भी। उनकी कथनी-करनी में कोई अंतर नहीं था। वे कविता बोलते थे और कविता में ही जीते थे। इसीलिए उनकी कविता जीवन की भाषा बन गई। आज महाकाव्य-लेखन का दौर नहीं है; किंतु कबीर जैसे महान संत कवि के व्यक्तित्व-निरूपण के लिए प्रबंधात्मक शिल्प में कविता लिखना मुझे अधिक उपयुक्त लगा। मैंने इस महाकाव्य में कबीर के जीवन की ऐतिहासिक कथात्मकता को बनाए रखने के लिए केवल उनके प्रामाणिक स्त्रोतों का ही उपयोग किया है। कबीर पर लिखी गई कुछ किताबों में उनके बारे में मूल्यांकन के अलग-अलग मानदंड देखने को मिलते हैं। किसी एक खाँचे में कबीर को फिट करके देखने पर हम खंडित कबीर को ही पाएँगे। यदि हम व्यक्तित्व की समग्रता में पूरे कबीर को पाना चाहते हैं तो हमें उनके जीवन के सभी पक्षों का अनुशीलन करना होगा।

कबीर की कविता का मूल स्वर प्रेम और मानवीय संवेदना है। उनकी भक्ति-भावना, अध्यात्म-चिंतन एवं उलटबाँसियों का आशय भी उनके सामाजिक संदर्भों में ही अधिक खुलता है। इसीलिए वे आज के समय में

सबसे अधिक प्रासंगिक हैं। मैंने इस महाकाव्य में उनके सामाजिक विमर्श को मानवीय प्रतिपाद्य के रूप में प्रतिस्थापित करने का प्रयास किया है। कबीर संवाद, विमर्श और प्रश्नों के कवि हैं; किंतु उनके यहाँ कोई प्रश्नवाचकता नहीं। वे हमेशा जीवन के अनसुलझे सवालों से टकराते हैं। जीवन का कोई ऐसा प्रश्न नहीं; जिसे उन्होंने न उठाया हो। कबीर की कविता का संज्ञान लेते हुए मैंने उनके स्त्री-विमर्श को प्रचलित लोक-धारणा से भिन्न जीवन के व्यापक परिप्रेक्ष्य में दिखाया है। उनकी प्रियतम से मिलने की आकुलता मानव-मानव के बीच बढ़ती दूरी की बेचैनी का परिचायक है और उनके कुंडलिनी-जागरण का संबंध मन की ग्रंथियों के सुलझाने से है। उनकी प्रेम-भक्ति मानवीय प्रेम और जीवन-आस्था को लक्षित करती है। बाज़ारवाद, वस्तुवाद एवं उपभोक्तावाद ही संसार की ठगिनी माया है। घर जोड़ने की माया लोगों पर हावी है। दूसरों की पीड़ा में सहभागी बनना ही रामत्व की पहचान है। दूसरों की अधीनता और स्व के बंधन से मुक्त होना ही जीव की मुक्ति है। ऐसी ही मुक्ति कबीर को काम्य है।

मेरा यह 'पिंजर प्रेम प्रकासिया' महाकाव्य जवाहर नवोदय विद्यालय में कार्यरत रहते हुए दस वर्षों की एक दीर्घ लेखन-यात्रा है। यह महाकाव्य मेरी प्रथम प्रकाशित रचना है; जिसका बीज मेरे शोध-निर्देशक गुरुदेव स्व. डॉ. कमलाकर पांडेय ने बोया था। उनका पुण्य स्मरण करते हुए मैं उनके प्रति हृदय से कृतज्ञता ज्ञापित करता हूँ। मेरी चेतना में मेरे माता-पिता की स्मृतियों का प्रवाह है। इस पुस्तक का लेखन उन्हीं की जीवनाकांक्षाओं की रचनात्मक अभिव्यक्ति है। कबीर की जीवन-दृष्टि और मूल्य-बोध को काव्यात्मक रूप देने और वस्तु-विन्यास को साधने के लिए दिए गए बहुमूल्य मार्गदर्शन हेतु मैं अपने पूज्य गुरुदेव डॉ. सेवाराम त्रिपाठी का हृदय-तल से आभार प्रकट करता हूँ। यह मेरे लिए सौभाग्य की बात है कि उन्होंने कथ्य पर गहन विचार-विमर्श करते हुए मुझे कबीर पर नए ढंग से लिखने के लिए प्रेरित किया (सतगुरु दाँव बताइया, खेलै दास कबीर) और इस रचना की भूमिका लिखने के लिए मेरा अनुरोध सहज रूप में स्वीकार कर लिया। मैं माननीय आयुक्त श्री विश्वजीत कुमार सिंह, नवोदय विद्यालय समिति, मुख्यालय-नोएडा द्वारा प्राप्त शुभाशंसा के लिए उनके प्रति हार्दिक कृतज्ञता ज्ञापित करता हूँ। इस किताब के लिए ब्लर्ब लिखने हेतु मैं आदरणीय डॉ. विश्वनाथ त्रिपाठी का हृदय से आभारी हूँ। शीर्षक-चुनाव और विषय-सामग्री के संबंध में दिए गए बहुमूल्य सुझावों के लिए मैं अपने अग्रज श्री शिवानंद तिवारी तथा सहयोगी मित्रों-

श्री रमेशपाल सिंह, श्री रामस्वरूप मयूरेश एवं डॉ. राजेंद्रप्रसाद मिश्र के प्रति आत्मिक आभार व्यक्त करता हूँ। अपनी अर्द्धांगिनी गीता के साथ रहते हुए मुझे कबीर की कविता के सापेक्ष स्त्री-विमर्श के पाठ का व्यावहारिक अनुभव मिल सका। अत: इस कृति में मैं उनकी भी प्रेरणा का अंश मानता हूँ। मैं लोकभारती प्रकाशन, इलाहाबाद के प्रबंधक श्री रमेश ग्रोवर जी का कृतज्ञ हूँ; जिन्होंने मेरी इस रचना को प्रकाशित करने की स्वीकृति दी। यह मेरे लिए गर्व की बात है कि इस किताब के आवरण-पृष्ठ के लिए मेरे शिष्य भवेश पाल ने कबीर का चित्र बनाया है।

वैसे तो अब तक कबीर पर बहुत काम हो चुका है; लेकिन इस काम की इतिश्री तब तक नहीं मानी जा सकती, जब तक कबीर का काम पूरा नहीं हो जाता। उनके द्वारा भोगे गए यथार्थ के संवीक्षण और जीवनानुभव को समाज में प्रतिस्थापित करना ही उनका असली काम है। कबीर को पढ़ने-समझने के लिए मेरी बचपन से ही विशेष रुचि रही है। इसीलिए मैंने अपने शोध-कार्य के विषय के रूप में भी उनका ही चुनाव किया था। विभिन्न विद्वानों द्वारा उनके काव्य और व्यक्तित्व पर आधारित आधुनिक परिप्रेक्ष्य में अनेक आलोचनात्मक किताबें लिखी गई हैं। उनके कवि-हृदय की संवेदनात्मक भूमि तक पहुँचने के लिए मैं अपने लेखन में कविता का माध्यम इस्तेमाल करना चाहता था। यह रचना उनके जीवन की अनुभव-यात्रा को समझने के लिए इसी दिशा में एक छोटा-सा कदम है। कबीर पर लिखना बहुत कठिन है। उनके बारे में मैं जो कुछ कह सका, वह पर्याप्त नहीं है। मुझे लगता है कि बहुत कुछ अनकहा रह गया है। यदि मेरी यह रचना कबीर की कविता के सापेक्ष नए जीवन-मूल्यबोध और वैचारिक परिवर्तन के लिए जनमानस को आंदोलित कर सके तो मैं इसे अपने श्रम की सार्थकता समझूँगा। पाठकों के समक्ष इसी निवेदन के साथ यह रचना प्रस्तुत है-

मति की गति है मंद किंतु अतिशय दुर्बोध विषय यह,
इसीलिए इस काव्य-ग्रंथ में त्रुटियाँ भी संभव हैं।
हंस-विवेकी विद्वानों से है यह नम्र निवेदन-
क्षीर-नीर में से केवल पहले को ग्रहण करेंगे।

कबीर-जयंती, **—रामानंद तिवारी**

28 जून, 2018, इलाहाबाद

प्रतीक्षा

जिसके वचन से सत्य का होता प्रकाशित ज्ञान है,
मिलता मनुज को चेतना की शक्ति का वरदान है।
उस पूज्य गुरु के ध्यान में हो भाव श्रद्धा का घना,
हो जाय शब्दों में निरूपित अर्थ की अभिव्यंजना।

वह एक ही कर्ता पुरुष जिसकी क्रिया संसार है,
यह सृष्टि की रचना उसी अव्यक्त का विस्तार है।
करती रहे रसना उसी के नाम-रस का आचमन,
संतापमय संसार के हो जाय दाहों का शमन।

हे प्राणघन, रस-छंद-भाषा की हमें पहचान दो,
इस मंदमति को भी सहज अभिव्यक्ति का वरदान दो।
गूँजे धरा का गान बन संवेदना की रागिनी,
यह लेखनी बन जाय मानव-धर्म की संवाहिनी।

सत् की प्रतिष्ठा का सृजन ही कल्पना का प्रेय हो,
खंडित हुए युगधर्म का निर्माण करना ध्येय हो।
रस-गंध बन फैले भुवन में भावना उत्कर्ष की,
नीरव दिशाओं में स्वरित हो वेणु भारतवर्ष की।

'जग का शिरोमणि' आज भी कहता जिसे संसार है,
संस्कृति-कला-साहित्य का जो अप्रतिम भंडार है।
उत्तुंगता का व्रत लिए जाग्रत सदा हिमवान है,
परिवर्तनों में भी बना दृढ़ सत्य का प्रतिमान है।

खगवृंद जिसके शौर्य की गाथा युगों से गा रहा,
दीपित दिशाओं में दिवस जय की ध्वजा फहरा रहा।
धोता चरण-तल सिंधु है निज लोल लहरों से सदा,
रिमझिम फुहारों से जलद अभिषेक करते सर्वदा।

झरते सदा निर्झर जहाँ अपनी अमिय-जलधार में,
वनराजि की श्यामल छटा फैली अमित विस्तार में।
उत्तर दिशा में स्वर्ग की धरती स्वयं कश्मीर है,
पीयूष-सम यमुना तथा भागीरथी का नीर है।

होतीं प्रवाहित नर्मदा-गोदावरी नदियाँ यहाँ,
जिनके महत्तम रूप की साक्षी बनीं सदियाँ यहाँ।
बह एक रस में सिंधु से मिलती सभी की धार हैं,
होते परम घन में यथा सब जीव एकाकार हैं।

ऋतुराज जिसके रूप का करता नवल शृंगार है,
पिक की सुरीली तान में यश का विमल उद्‌गार है।
गुंजार करते हैं मधुप पीकर सुधोपम मंजरी,
पुष्पित लताओं से सदा होती स्त्रवित रसमाधुरी।

संदेश जीवन का लिए आती सरस बरसात है,
सहकर गगन का दाह भी तरलित धरा का गात है।
सारी प्रकृति में प्रीति का छिड़ता मधुर संगीत है,
फिर भी मनुज में आज जीवन की दिशा विपरीत है।

धीरज धरो दुःख में सदा है शीतऋतु की मंत्रणा,
पतझड़ न रोता है कभी पाकर नियति की यंत्रणा।
मधुमास जब आता विटप झुकते सुमन के भार में,
ज्यों संत रहते हैं विनत वाणी तथा व्यवहार में।

होती रही चिरकाल से है प्रकृति की क्रीड़ा यहाँ,
हरती त्रिविध है वायु तन-मन की सदा पीड़ा यहाँ।
तरु ताप सहकर भी स्वयं रहते निरत परमार्थ में,
अपने सुखों के हेतु वे रहते नहीं हैं स्वार्थ में।

जग में सभी के प्रति हमारा प्रेममय व्यवहार था,
आगत अतिथियों से सदा होता सुशोभित द्वार था।
संसार के सब भेद-भावों से सदा हम दूर थे,
हम पंक में रहकर कमल के धर्म से भरपूर थे।

संलग्न थे भूपति प्रजाजन के सदा कल्याण में,
उद्देश्य था जिनका निहित निज धर्म के निर्माण में।
थी कामना सबके लिए मन में न कोई क्लेश हो,
उत्थान हो सबका सदा, दुःख का न कोई लेश हो।

हर देशवासी को यहाँ निज कर्म में विश्वास था,
सबके हृदय में प्रेम के सौंदर्य का उद्भास था।
मन मग्न रहता था सदा हरि के चिरंतन ध्यान में,
था लक्ष्य जीवन का निहित कैवल्य के अभिधान में।

धन दूसरों का देख मन में लोभ होता था नहीं,
दुःख-आपदा में भी किसी को क्षोभ होता था नहीं।
सुख-वासनाओं के लिए लिप्सा नहीं थी भोग में,
तप-त्याग से भूषित नयन रमते सदा थे योग में।

हठ-साधकों में आज भी दिखती यहाँ हैं सिद्धियाँ,
होता नहीं आसक्त मन पाकर जगत की ऋद्धियाँ।
गिरि-गह्वरों में योगिजन बैठे समाधित ध्यान में,
उद्बुद्ध होते प्राण अंतर्ज्योति के उत्थान में।

इस पुण्य भारत भूमि से डिगता नहीं विश्वास है,
संसार में इसका सदा आदर्शमय इतिहास है।
रुकते नहीं हम हैं कभी पथ में भले ही शूल हों,
झुकता न गौरव-ध्वज कभी चाहे मरुत् प्रतिकूल हों।

यह देश भारत है वही गाई गई गीता जहाँ,
सीतानुसूया-सी हुई हैं धन्य परिणीता यहाँ।
विश्रुत हुआ संसार में प्रेरक चरित श्रीराम का,
श्रीकृष्ण-गाथा से विदित है नाम गोकुलधाम का।

जनमे तपोमय भूमि पर हैं पीर-पैगंबर यहाँ,
ऋषि और संतों के अमर संदेश गुंजित हैं जहाँ।
वे क्षुद्र स्वार्थों के लिए निज धर्म खोते थे नहीं,
परमार्थ के पथ से कभी वे दूर होते थे नहीं।

शुभ आचरण, सत्कर्म में जिनका निहित विनियोग था,
देवत्व के निर्माण में मन का अडिग उद्योग था।
सुख हो कि या दुःख हो कभी स्वीकृत सदा समभाव था,
चैतन्य प्राणों में न जड़ता का कहीं ठहराव था।

आदर्श के जयनाद से पूरित हमारा देश था,
हर छंद के सुर-ताल से गुंजित सदा परिवेश था।
हम थे यशस्वी लोक में, सबको विदित यह तथ्य है,
परमार्थ हित जीवन-मरण इस देश का युग-सत्य है।

बनकर जगद्गुरु विश्व को जिसने दिया उपदेश है,
फैला दिशाओं में जहाँ से शांति का संदेश है।
उलझा वही था देश 'वादों' के विषम भ्रमजाल में,
विष के कुसुम खिलने लगे युग की कँटीली डाल में।

होने लगी व्याकुल धरा निष्ठुर समय के घात से,
जन-चेतना दिग्भ्रांत थी पथ की अँधेरी रात से।
मन की विफल थी शक्ति लहरों के उमड़ते ज्वार में,
जब भोगवादी वृत्तियाँ बढ़ने लगीं घर-द्वार में।

चलने लगी आँधी प्रबल युगधर्म के गतिरोध में,
दीपक न कोई जल सका आलोक के पथ-बोध में।
बढ़ते प्रलय-घन की तरह तम का भयानक रूप था,
असहाय मानव-धर्म के पथ में अनय का कूप था।

पीयूष की हर धार में उठने लगी विष की लहर,
सत् पर असत् के रौद्र घन होने लगे जब अग्रसर।
आलोक जीवन के सभी गहरे तिमिर में खो गए,
धूमांध आहुति में प्रकृति के मंत्र दूषित हो गए।

ईर्ष्या, घृणा, विद्वेष का दिखता प्रबल अतिरेक था,
संवेदना, करुणा, विनय का हो रहा व्यतिरेक था।
बाहर जले थे दीप पर अंदर अँधेरी रात थी,
तपते दिवस में प्रेम की होती नहीं बरसात थी।

ऊपर घटा पीयूष की, अंदर गरल का ताप था,
छल-छद्म के अभिघात से जीवन बना अभिशाप था।
डूबे हुए थे लोग सब मन के गहन अज्ञान में,
सब धर्म-पथ से थे भ्रमित पाखंड के अभिमान में।

शोषण, दमन, अन्याय का प्रचलित हुआ व्यवहार था,
लज्जा, सदयता, शील का नित हो रहा अभिसार था।
थी प्रेम के बदले घृणा, रोदन करुण संगीत था,
इस देश में सुख-शांति का मौसम हुआ विपरीत था।

हर ओर मानव में परस्पर जातिगत संघर्ष था,
आदर्श मूल्यों का चतुर्दिक् हो रहा अपकर्ष था।
'सबका रचयिता एक है'- इसका नहीं कुछ भान था,
मन के अँधेरे लोक में रवि का हुआ अवसान था।

हिंदू-तुरक दोनों ख़ुदा की एक ही संतान थे,
पर, भेदभावों में हुए वे सत्य से अनजान थे।
मिलता सभी को एक ही रवि का समान प्रकाश है,
कहती सदा है वायु सबका एक ही आकाश है।

सत्याचरण से, कर्म से बनता मनुष्य महान है,
सबके हृदय में एक ही रहता सदा भगवान है।
फिर यह विभाजक दृष्टि क्यों पैदा हुई इंसान में,
मनुजत्व का चिंतन भला आता नहीं क्यों ध्यान में।

भेदक विचारों से बड़ा गर्हित न कोई कार्य है,
फिर क्यों मनुज को यह असत् का आचरण स्वीकार्य है?
भ्रम और संशय के क्षणों में ज्ञान आता है कहाँ,
युग के अनागत संकटों पर ध्यान जाता है कहाँ!

निज श्रेष्ठता का दंभ भरना ही द्विजों का ध्येय था,
मुख में सदा थे राम पर छल-छद्म उनको प्रेय था।
वे दीन-हीनों की व्यथा पर आह भरते थे नहीं,
अद्वैत में भी ऐक्य की पहचान करते थे नहीं।

दिखता न था कुछ भेद हृदयों में तथा पाषाण में,
सद्भाव-पूरित प्रेम की हलचल नहीं थी प्राण में।
वाणी तथा व्यवहार में धरती-गगन का भेद था,
युग की व्यथा को देखकर होता न मन में खेद था।

गृह थे कलह के केंद्र सब खंडित हुआ सौहार्द था,
गुण, शील, मर्यादादि में होता नहीं मन आर्द्र था।
तप-त्याग का पथ भूलकर सब दुर्व्यसन में मग्न थे,
भौतिक सुखों के स्वप्न में आदर्श सारे भग्न थे।

मन के तृषित आवेग में यौवन बना उद्दाम था,
सत् और तामस में छिड़ा देवासुरी संग्राम था।
अनुरक्त थे सब मांस-भक्षण में, सुरा के पान में,
सब देव-दानव थे लगे दुर्वृत्ति के उत्थान में।

दूषित अगर है खाद्य तो फिर रक्त कैसे शुद्ध हो,
कैसे असात्विक वृत्ति से अंतःकरण उद्बुद्ध हो!
निज देह पालन ही वृथा यदि ज़िंदगी का साध्य है,
मानव नहीं, पशु ही प्रथम सबके लिए आराध्य है।

अश्लीलता में ही सदा मन का सुखद आमोद था,
नित वारवनिता के बिना होता न आत्मविनोद था।
पुण्याचरण, गौरव, सुयश का भी नहीं कुछ ध्यान था,
निज श्रेष्ठता के मूल्य का होता नहीं अनुमान था।

नारी न नर की शक्ति केवल देह का व्यापार थी,
मन की विकृति में भोग-साधन से बनी लाचार थी।
था मत्त महिषासुर बना नर आसुरी अतिचार में,
नारी न चंडी बन सकी निज त्रास के उपचार में।

याचक सभी थे रूप के दूषित प्रणय का दान था,
प्रेमी जनों में प्रेम का दिखता नहीं प्रतिमान था।
छल में, कपट में, स्वार्थ में घायल हुआ विश्वास था,
रसहीन पतझड़ में कहीं खिलता नहीं मधुमास था।

अद्वैतदर्शी विप्रगण तन से बने परिपूत थे,
निर्वर्णता में शूद्र सब मन से सदैव अछूत थे।
औरस प्रिया को भूलकर अनुरक्तता थी जार में,
त्यागी-तपस्वी विप्रजन संलिप्त थे व्यभिचार में।

तन-मन हुआ बेचैन था भौतिक सुखों की प्यास में,
ज्यों भृंग होते मत्त पुष्पों के मदिर उल्लास में।
जाती नहीं थी दृष्टि अंतः के ललित सौंदर्य पर,
था रो रहा इतिहास मानव के कलंकित शौर्य पर।

सुख-साधनों का भोग मानव-ज़िंदगी का मूल था,
लौ के पतिंगों के लिए मौसम बना अनुकूल था।
घन थे घिरे अज्ञान के भ्रम का न कोई अंत था,
मधुमास पाने के लिए आकुल हुआ हेमंत था।

जगती न मन की चेतना जब तक मनुज में स्वार्थ है,
आसक्तियों के दाह से होता ज्वलित पुरुषार्थ है।
अनुचित-उचित का ध्यान कुछ रहता नहीं है काम में,
कामी पुरुष का भ्रांत मन रमता नहीं है राम में।

आसक्ति में होता सदा सौंदर्य का बलिदान है,
निज दिव्यता के मूल में जाता न मन का ध्यान है।
ऊर्जा नियंत्रण से परे लाती घृणा परिणाम है,
नित वासना देती शिथिलता, प्रेम में विश्राम है।

चहुँ ओर जीवन में विकृतियों का प्रसारित जाल था,
तम की घटाओं से हुआ वातावरण विकराल था।
उन्मत्त थे मानव सभी भस्मासुरी वरदान में,
सायक गरजते थे सदा दुर्लक्ष्य के संधान में।

युगधर्म के पथ से विमुख थी राजनीति अनीति की,
निज स्वार्थ-साधन में सदा प्रतिकूलता थी प्रीति की।
भूपाल को निज धर्म के पथ का नहीं कुछ बोध था,
निर्बल प्रजा के प्राण में जगता नहीं प्रतिशोध था।

खंडित हुई हर कल्पना आँधी चली जब ध्वंस की,
आतंक-घन घिरने लगे लीला यथा हो कंस की।
बाह्याक्रमण होने लगे देशी नृपों की फूट से,
गंगा न कोई बह सकी शिव की जटा के जूट से।

साम्राज्य-विस्तारण विदेशी शासकों की नीति थी,
हिंसा-कुटिलता की सदा चलती अनैतिक रीति थी।
जनता भ्रमित थी छद्ममय उस कूटनीतिक चाल में,
युग-चेतना आबद्ध थी दिग्भ्रांतियों के जाल में।

नौका प्लवित होने लगी उस विप्लवी मझधार में,
विध्वंस-शोणितपात था चहुँ ओर अत्याचार में।
करुणा, अहिंसा, प्रेम के रौंदे गए सब फूल थे,
आदर्श के पथ पर सदा चुभते पगों में शूल थे।

था राज्य रावण की कथा, कैसे धरा पर शांति हो,
यदि स्वर्ण के मृग हों जहाँ, मन में न क्यों फिर भ्रांति हो!
थे राम निर्वासित हुए, आश्रय न था घर-द्वार में,
शीलत्व का सीताहरण होता खुले दरबार में।

हर ओर दिखते ध्वंस से पूरित सभी मैदान थे,
सुख के महल सब ढह गए ऐसे प्रबल तूफ़ान थे।
तमचूर्णचालित वायु से दिन में घिरी थी यामिनी,
दिखती न थीं किरणें कहीं आदित्य की उद्भाविनी।

आकाश आकुल हो उठा तम के गहन विस्तार से,
उद्दाम थे ज्वालामुखी विस्फोट के हुंकार से।
थी भंग नीरवता जहाँ भय की शृगाली तान में,
मोदित न होते थे विहग जीवन-उषा के गान में।

सत् के समर्थन में सदा थी न्याय की विपरीतता,
मिथ्यात्व के अभिधान से मन में बसी थी हीनता।
धर्मानुगी असहाय हो दर-दर भटकते राह में,
जलते रहे दिन-रात उनके प्राण अंतर्दाह में।

संसार में सबकी समय-गति एक-सी रहती कहाँ,
सौभाग्य की गंगा धरा पर एक-सी बहती कहाँ!
इस स्वार्थ के व्यापार में भाषा कठिन है प्यार की,
फैली जहाँ हर डाल पर विष-बेलि मिथ्याचार की।

उस बाहु का बल व्यर्थ है रक्षार्थ जो प्रेरित न हो,
वह कर्म गर्हित है सदा जिसमें मनुज का हित न हो।
निर्माण का पथ छोड़कर यदि ध्वंस करना धर्म है,
फिर मानवी सत्कर्म क्या है और क्या दुष्कर्म है!

जब बुद्धि के उन्माद से होता ग्रसित पुरुषार्थ है,
तब प्रेम की संकल्पना होती नहीं चरितार्थ है।
अनमोल जीवन भी स्वयं लगता दुःखद-निस्सार है,
अज्ञान की गोधूलि में जगता न आत्मविचार है।

शुभ कर्म के अतिरिक्त कुछ भी साथ जाता है नहीं,
पाकर जगत की ऋद्धि भी मन शांति पाता है नहीं।
आबद्ध होते लोग फिर क्यों स्वार्थ के व्यामोह में,
परमार्थ से होकर विमुख सब दग्ध थे परद्रोह में।

ऐसे ज्वलित परिवेश में थे लोग कैसे जी रहे,
पीयूष-रस को छोड़कर विष को सभी थे पी रहे।
थे रक्तपोषित भेड़िए अपनी कपटमय चाल में,
निरुपाय थे पंछी सभी निर्दय वधिक के जाल में।

तम से घिरे परिवेश में किरणें नहीं थीं आस की,
भ्रम के चतुर्दिक् मेघ थे चपला न थी विश्वास की।
कोयल बनी थी मूक पर कौए हुए वाचाल थे,
युगधर्म के हर नीड़ में बैठे सहस्रों व्याल थे।

दृढ़ सत्य का पथ छोड़कर भटके पथी थे धर्म से,
निज ज्ञान का व्रत भूलकर ज्ञानी गिरे थे कर्म से।
बलि की प्रथा थी देश में जप-साधना के नाम पर,
फल-फूलता पाखंड था देवालयों के धाम पर।

बनकर तपी पंचाग्नि में कोई तपाता देह था,
निष्कामना में भी घुमड़ता वासना का मेह था।
कोई रमाकर राख दैहिक साधना में क्लांत था,
अपने अलख की खोज में कोई मृगों-सा भ्रांत था।

पोशाक में थी साधुता पाखंड था आचार में,
सिद्धांत में था सत्य पर छल-छद्म था व्यवहार में।
मुख पर विभा थी शांति की अंदर प्रबल तूफ़ान था,
दृग की पलक थीं बंद पर मन में प्रिया का ध्यान था।

काशी, अयोध्या, द्वारका के ही भ्रमण में स्वर्ग था,
पाषाण-पूजन की क्रियाओं में सुलभ अपवर्ग था।
कोई रखाता था जटा कोई मुँड़ाता केश था,
मारीच-सा मोहक तपस्वी साधुओं का वेश था।

आचार में थी शुष्कता, लेकिन सरस उपदेश था,
धर्मांधता की नींद में सोया हमारा देश था।
निज धर्म-पालन के बिना अर्जित न होता पुण्य है,
होते न दर्शन सत्य के अंतःकरण यदि शून्य है।

कुछ पुस्तकें कंठस्थ करना ही महा पांडित्य था,
निज आत्मा के ज्ञान का जगता नहीं आदित्य था।
प्रतिवाद में हर 'वाद' पर शास्त्रर्थ होता था सदा,
निज ज्ञान का गौरव निहित अभिमान में था सर्वदा।

घन-मध्य चपला-सा क्षणिक शमशान का वैराग्य था,
युग की तमिस्त्रा में स्वयं सोया मनुज का भाग्य था।
मन की न गति थी तत्त्व में पाषाण ही आराध्य था,
भ्रम की घटाओं में अलक्षित ज़िंदगी का साध्य था।

उर में परस्पर प्रीति का जुड़ता नहीं संबंध था,
हर ओर जीवन में सभी के स्वार्थ का अनुबंध था।
शिष्यत्व शिष्यों में न था गुरुता न थी गुरु में कहीं,
जड़ता जड़ी थी प्राण में थी दीप्ति चेतन में नहीं।

थी धर्म की प्रतियोगिता, सिद्धांत सबका भिन्न था,
निर्गुण-सगुण के भेद में सौंदर्य मन का छिन्न था।
दिग्भ्रांतियों में ज्ञान का छाया हुआ उन्माद था,
होता सदा प्रतिपक्ष में अतिशय वितंडावाद था।

हिंदू सभी मतभेद में थे धर्म-तंत्र बना रहे,
वे शैव, वैष्णव, शाक्त का पथ थे विविध अपना रहे।
होने लगा निर्माण देवी-देवताओं का यहाँ,
लगने लगा बाज़ार अंधी मान्यताओं का यहाँ।

मन एक था मंदिर मगर भगवान कितने हो गए,
धर्मांधता की नींद में ज्ञानी सभी थे सो गए।
बहुदेववादों में प्रकट थी चेतना साकार की,
अगणित कथाएँ बन गईं भगवान के अवतार की।

अपने विकृत मतिभेद में मानव सभी बँटने लगे,
निज बंद पिंजर में मगन शुक राम-धुन रटने लगे।
लेकिन धरा से धर्म का संकट न फिर भी हट सका,
छोटे-बड़े का भेद अंतर् से न कोई मिट सका।

अति क्रूरताओं से भरा कैसा नियति का दंड था,
उसको कहेंगे ज्ञान या फिर धर्म का पाखंड था।
कैसे कहूँ हिंदुत्व के अज्ञान की दारुण कथा,
कैसे सहूँ हे राम! इस संताप की अंतर्व्यथा।

क्या नीर है, क्या क्षीर है- अंतर नहीं कुछ ज्ञात था,
बगुले भगत को हंस का आशय सदा अज्ञात था।
अभिव्यक्ति पाने को विकल थी मूक जीवन की व्यथा,
दृढ़ शैल के गतिरोध से ज्यों रुद्ध सरिता की कथा।

मत जैन में था आचरण प्रतिपाद्य जीवन-धर्म का,
त्रयरत्न-व्रत था खोलता अज्ञात बंधन कर्म का।
थी त्याग-संयम की विभा मन में जगाती ज्ञान को,
चरितार्थ करता पंचव्रत कैवल्य के अभिधान को।

थी हो रही सर्वत्र चेतन आत्मा की साधना,
स्वीकार्य थी सबको सदा दृढ़ सत्य की आराधना।
व्याख्या नहीं थी किंतु अविगत ब्रह्म के अस्तित्व की,
संज्ञा न होती दृष्ट थी भव-सृष्टि के कर्तृत्व की।

जब बौद्ध मत को धर्म की पदवी मिली थी लोक में,
सन्मार्ग के उपदेश से कोई न था भव-शोक में।
सत्पथ, अहिंसा, प्रेम का गुंजित हुआ जयघोष था,
चैतन्य प्राणों में कलुषता का न कोई दोष था।

सब साधना के थे व्रती शुभ आचरण का ध्यान था,
निर्वाण-पद की प्राप्ति का आदर्शमय विज्ञान था।
आसक्ति-तृष्णा में कभी बसती न मन की आस थी,
आकर्षणों को देखकर जगती न कोई प्यास थी।

तप-त्याग के उत्कर्ष का अतिशय सुहाना वेश था,
सारे जगत में गूँजता सुख-शांति का संदेश था।
कर्तव्य का पालन सदा करना मनुज का धर्म है,
समता-दया से प्रेम का होता प्रकाशित मर्म है।

लेकिन अनागत में पुनः दीपक न कोई जल सका,
बुद्धत्व की उस राह पर राही न कोई चल सका।
था धर्म यानों में बँटा युग के चपल अभिसार में,
संगति न कोई बन सकी नाविक तथा पतवार में।

यद्यपि सहज[1] कुछ दिन चला निज धर्म के सिद्धांत में,
पर योग-साधन में हुआ कुछ भोग भी दिग्भ्रांत में।
जब वाम[2] छाया राहु-सी वैपुल्यवादों[3] की पड़ी,
तब वज्र[4] बनकर आ गई वह धर्म-संकट की घड़ी।

---

1. सहजयान।
2. वाममार्गी साधना-पद्धति।
3. 'वैपुल्यवाद' नागार्जुन के महायान संप्रदाय का एक उप संप्रदाय है। उन्होंने अपने निवास-स्थान के समीप श्रीपर्वत पर तंत्र-मंत्र साधना का केंद्र स्थापित किया था। वहाँ पर पाँच प्राचीन निकाय थे; जिनमें से एक वैपुल्यवाद भी था। उसकी उपासना-पद्धति शाक्त उपासना-पद्धति से प्रभावित होने के कारण वाममार्गी थी।
4. वज्रयान।

जिसको स्वयं ईशत्व की सत्ता नहीं स्वीकार्य थी,
मानव-प्रमुखता में सदा करुणा बनी अनिवार्य थी।
उस बुद्ध के अनुयायियों का हाल ऐसा हो गया,
बाह्याचरण में धर्म वह विकराल ऐसा हो गया।

स्वच्छंदता बढ़ने लगी तप-साधना की रीति में,
योगी लिए थे भोग-व्रत तामस गुणों की प्रीति में।
अध्यात्म के पथ पर बिछा आडंबरों का जाल था,
वह कंप मानस का कहें या धर्म का भूचाल था।

मानव भ्रमित था हो गया युग के विकृत परिवेश में,
था ध्येय जीवन का विफल निज सत्य के संदेश में।
सद्‍वृत्तियों के लोप से कलुषित हुआ था आचरण,
अतिशय प्रदूषित हो गया था धर्म का वातावरण।

कैसे लिखूँ इस लेखनी से दीन भारत की कथा,
कैसे कहूँ इस देश के दिग्भ्रांत होने की व्यथा!
आलोकमय नव क्षितिज पर घन-तिमिर घिरता ही गया,
प्राचीन आर्यावर्त का गौरव बिखरता ही गया।

वह देख भारत की दशा धरती विकल होने लगी,
मुरझा गए वन के कुसुम, कलियाँ सभी रोने लगीं।
कलकंठ कोकिल का सुरीला गान नीरव हो गया,
उन्मत्त भौंरों का मधुर गुंजार नभ में खो गया।

युग के विषम परिवेश में मंथर पवन का वेग था,
सूनी दिशाओं से उठा अतिशय करुण उद्वेग था।
आहें स्वयं भरने लगी निर्मल गगन की चाँदनी,
निस्तेज-सी होने लगी घन की चपल सौदामिनी।

मधुवन अलक्षित हो गया अपनी निहित पहचान से,
निर्वाण थे दीपक सभी रवि के करुण अवसान से।
दुःख की निशा में सो गई सूखे विटप की सारिका,
गहरे तिमिर में खो गई नभ की सजल नीहारिका।

पर उस गहन नैराश्य में थी एक आशा की किरण,
जो दीप्त कर देती प्रगति का उन्मुखी पर्यावरण।
अपकर्ष बनता है सदा कारण किसी उत्कर्ष का,
था संक्रमण का वह कठिनतम काल भारतवर्ष का।

जब वज्रयानी साधना पहुँची प्रबल अतिचार में,
गोरख हुए सन्नद्ध तब हठयोग के उपचार में।
छँटने लगा सारा तिमिर दीपक जला जब ज्ञान का,
वाहक बना फिर संतमत युगधर्म के उत्थान का।

वह थी बृहत्तर भूमिका युग के पुनर्निर्माण की,
होने लगी अनुगूँज मानव-धर्म के कल्याण की।
मरुभूमियाँ शीतल बनें छाया मिले हर राह में,
बरसे धरा पर प्रेम-घन दुःख से घिरे दिग्दाह में।

अविराम गति से काल का रथ घूमता है सर्वदा,
चलता रहा है लोक में यह चक्र सुख-दुःख का सदा।
पाता वही है छाँव जो तपता स्वयं है धूप में,
रवि-ताप सह मोदित गगन ज्यों चाँदनी के रूप में।

रसहीन पतझड़ से भला मधुमास रुकता है कहाँ,
तूफ़ान के सम्मुख अचल गिरिराज झुकता है कहाँ!
बनता प्रलय में ही सृजन का स्वस्तिमय वातावरण,
तम की उनींदी रैन में पलता उषा का जागरण।

•

आगमन

एक तत्त्व का विकीर्ण हो रहा अनंत नाद,
यह समग्र विश्व उसी का विराट रूप है।
चित्र रचता है रूप-रंग भरता है वही,
एक-एक घट में समाया महाकाश है।
प्राण-रंध्र से निशब्द बजती है वेणु वही,
जड़-चेतनों में उसी स्वर का निनाद है।
बिंब वही भासता अनेक प्रतिबिंब बीच,
वारि की तरंगों में मयंक का प्रकाश ज्यों।

झड़ते हैं पात सब आता पतझार जब,
खिलते हैं कलियों के प्राण मधुमास में।
बहती है वायु मुक्त साँस की सुगंधि लिए,
फूल हैं अनेक किंतु एक ही पराग है।
बाती एक जलती है दीप हों भले अनेक,
स्नेह एक, ज्योति एक, ऊर्ध्व गति एक है।
गुण-धर्म में प्रदृष्ट है सदा अभेद-भाव,
किंतु मानवों का मानवों से भेद ज्ञान है।

नीर एक करता है पोषण द्रुमों का सभी,
किंतु फल कोई मृदु, अम्ल या कषाय है।
शुद्ध-बुद्ध-मुक्त है भले ही आत्मतत्त्व यह,
होता बद्ध जीव किंतु गुण के विकार में।
है सदा अचल भानु क्षिति है चलायमान,
किंतु मूल तथ्य की न होती पहचान है।
मुदित उलूक होते घिरता तमिस्त्र देख,
भ्रम में न सत्य का प्रकाश जग पाता है।
बुनती है निशा एक ओर कालिमा का जाल,
झाँकता है सूर्य वहीं व्योम के वितान से।

मोद में प्रफुल्ल पुष्प भरते उमंग कभी,
मिलती कभी कठोर कंटकों की रात है।
शून्य सांध्य में न गूँजता है विहगों का गीत,
देख स्तब्धता प्रकृति मूक बन जाती है।
ज़िंदगी की शून्यता में तम का रहस्य छिपा,
तम से ही फूटती हैं किरणें प्रभात की।
युग की व्यथा को देख रोता वर्तमान जब,
प्राणों में धधकती है चेतना अतीत की।
कौंधती ज्यों चपला की रेखा जलदों के बीच,
पलते हैं पलकों में सपने भविष्य के।
उषा की किरण देख खुलता क्षितिज-द्वार,
अंधकार टिकता न सूर्य के प्रकाश में।
होता है प्रकट दिव्य ज्ञान का सुवर्ण-घट,
उदधि के गर्भ से निकलता ज्यों चंद्र है।

भारत की धरती अमृत की प्रसविनी है,
इतिहास में अनेक दिखते प्रमाण हैं।
स्वर्ग के अमर जन्म लेने को तरसते हैं,
आते मुक्तिदूत कभी मनुजावतार में।
पाप की गरलता का ताप बढ़ता है जब,
रोता है गगन और धरा अकुलाती है।
तीन डग नापने को वामन उठाते पग,
अभिमान का अकंप ठूँठ हिल जाता है।
धर्म की अगति में अनीति का प्रसार देख,
आते हैं पुरुष दिव्य काल के प्रवाह में।
तट जोड़ने के लिए सेतु बनते हैं स्वयं,
युग के पथिक सब पाते एक राह हैं।
भूमि से उठा जो पग छूता शिखरों को वही,
सिंधु-वारि मेघ बन घिरता है व्योम में।
दैन्य में, अभाव में उठे जो कर्म-साधना से,
मानवों के बीच वही होता अग्रगण्य है।

काशी का सुवेश जहाँ बहती गंगा की धार,
क्रीड़ा करती हैं नित्य स्वर्ग की विभूतियाँ।
ज्ञान की प्रसूति, साधना की रम्य भूमि वह,
जलती जहाँ अखंड ज्योति विश्वनाथ की।
भक्ति का विकास खोलता था चेतना के द्वार,
धर्म-साधना में सत्त्ववृत्ति का प्रवाह था।
संत त्याग में व्यतीत करते दिवस जहाँ,
तापसी-गृही सभी प्रवृत्त थे स्वकर्म में।
करतीं दिशाएँ कल्पना के मंजु गान जहाँ,
फूटती थी प्रीति उर के निरुद्ध कोष से।
खोलता मराल क्षीर-नीर का विमर्श-भेद,
वारि का विकार मथ खिलता सरोज था।

हंसवृत्ति देख हुए बगुले मुखर सभी,
शांत वन में यथा शृगाल-रव होता है।
धुँधला हुआ प्रदीप्त स्नेह का प्रकाश-पुंज,
चाँदनी में मेघ की ज्यों रेखा खिंच जाती है।
राजमार्ग है परंतु चलने की रीति भिन्न,
कोई दाएँ, वाम या कि बीच-बीच चलता।
राहें भी अनेक फूटती हैं आर-पार कई,
पथिकों के पंथ का प्रवाह कट जाता है।

रौद्र थी प्रकृति परिवर्तनों के रूप देख,
परिवेश था विषम धूप और छाँव का।
भेद के कुतंतुओं का जाल उलझा था जहाँ,
वृत्ति से जुलाहा नीरू-नीमा का निवास था।
कर्म में प्रवृत्ति बाहुओं में श्रम-साधना थी,
दीनता के आगे किंतु हारा पुरुषार्थ था।

चुभते दरिद्रता में दुःख के अनंत शूल,
पेट की दहनता में प्राण अकुलाते थे।
है बड़ा प्रचंड भूख का असह्य ज्वाल-वेग,
सूखता है कंठ और प्यास बढ़ जाती है।
लगता है विश्व यह अनल का दाह जैसे,
सपनों के फूल सब होते भस्मसात हैं।
है बड़ी कठोर मर्त्य लोक की नियति यह,
दुःख में स्वजन भी पराए बन जाते हैं।
स्वार्थ के बिना न जागता है प्रीति-भाव कहीं,
एक ही निरस्त्र सहता असंख्य वार है।

आपसी विभेद में विभक्त था समाज सब,
जातिहीनता का अपमान बड़ा भारी था।
कोई था सहाय नहीं असहाय ज़िंदगी में,
पुत्र बिना कल्पना के छिन्न सब तार थे।
नीरू और नीमा में मधुर प्रेयता थी किंतु,
अनुबंध था अखंड हृदयों में भाव का।
पुण्य सहधर्मिता थी सुख-दुःख में सदैव,
तट थे अलग किंतु एक ही प्रवाह था।

मन की मृदुलता में शोभती है शांति सदा,
प्रेम के फलित रूप का यही प्रमाण है।
किंतु शिशु की न गूँजती है किलकारी जहाँ,
शांति वहीं वेदना का तीर बन जाती है।

दिपती न थी निरीह नयनों में ज्योति कहीं,
चारों ओर घोर निराशा की अँधियारी थी।
निरुपाय-से हुए घिरे थे चक्रव्यूह-बीच,
एक लक्ष्य में सधे हुए अनेक बाण थे।
करती विलाप नीमा भाग्य प्रतिकूल देख,
"हाय, किस पाप का मिला है दंड मुझको।

सात-सात पुत्र छिन गए भाग्यहीनता में[1],
ज्ञात नहीं होता जाने कैसा दैवयोग है!"
कालिमा उगलती थी दु:ख की निशा कठोर,
आशा की किरण एक भी न दृश्यमान थी।
किंतु सुप्त चेतना में एक थी तरंग शेष,
एक बीज ही विशाल वृक्ष बन जाता है।
कल्पना की एक चिनगारी जब धधकती है,
फैल जाता है प्रकाश मन की शिराओं में।
घने बादलों में जब होती चपला की कौंध,
धरती पर होती खुशियों की बरसात है।

पुण्य के प्रभाव का समीप जब आता क्षण,
ज़िंदगी की राहें सब होती अनुकूल हैं।
भावना बनी पुनीत प्रेम की हिलोर उठी,
नीमा में हुई प्रविष्ट ज्योति दिव्य तेज-सी।

घिरते थे मेघ दामिनी का मंजु हास लिए,
जुगनू दमकते थे वारि की फुहार में।
गर्भ का विकास देख कल्पना हुई सजीव,
पावस की माटी में ज्यों दूब बढ़ जाती है।
मन में न रसना की जागती सुरुचि कोई,
गर्भिणी को स्वाद की सरसता लुभाती है।
प्रेम का प्रकाश लिए उगता है सूर्य जहाँ,
नारी की प्रवृत्ति वीतराग बन जाती है।
अतिशय प्रमोद हुआ देख भाग्य का वसंत,
झड़ने लगे विवर्ण पात द्रुम-डाल से।

1. हमारे कुल कौने राम कह्यो।
जब की माला लई निपूते, तब ते सुख न भयो॥
सुनहु जिठानी सुनहु दिरानी, अचरज एक भयो।
सात पूत इन मुंडियो खोए, इहु मुंडिया क्यों न मयो॥
-कबीर ग्रंथावली, पृ.-230

गूँजने लगी सुकंठ कोयलों की कूक-ध्वनि,
पुष्प की सुगंधि में समाया भृंगनाद था।
प्रीति का पुलक लिए बहता समीर मंद,
मग्न थीं लताएँ सभी कल्पना के मोद में।
गूँज उठा सत्य के विमर्श का अखंड राग,
कौंधती थी चेतना की दीप्ति ज्योतिपुंज-सी।

चौदह सौ पचपन संवत् का ताप लिए,
ज्येष्ठ शुक्ल पूर्णिमा का दिवस कठोर था।
जन्मे कबीर लहरताल की तटीय भूमि,
हर्ष की प्रतीति लिए गेह के विषाद में।

गातीं पुरवधुएँ प्रमोद में मंगल गीत,
स्वस्ति-कामना का नित्य होता जयगान था।
मौलवी अशीषें शुभ नाम का विचार कर,
"बालक 'कबीर' यह जग में महान हो।"

नीमा थी मुदित देख शिशु का चपल मुख,
ममता की वाटिका में छाया मधुमास था।
आहें भरती जो कभी पुत्रहीनता को सोच,
आज वही खुशियों का उत्सव मनाती है।
चूमती कपोल कर मुकुल निमील दृग,
सूक्ष्म चेतना में जैसे साधकों का ध्यान हो।
द्वैत थे शरीर किंतु प्राण-तंतु थे अभिन्न,
जीव-ब्रह्म में यथा अभेद तत्त्व-ज्ञान का।

बढ़ने लगे कबीर धान के प्रतान जैसे,
करता है जो भरण अन्न बन पेट का।
किंतु जलहीनता में खेत रीत जाते जब,
सूख जाती पौध सब काल के अकाल में।
पलने लगा शरीर भूख के कुपोषणों में,
दूसरों का भोज्य देख मन ललचाता था।
क्षुधा सबकी है एक रस-रसना है वही,
कोई होता तृप्त और रोता कोई भूख से।

चलते थे घुटनों से सरक-सरककर,
धूल-धूसरित गात में पुलक-भाव था।
फटे चीथड़ों से दुनिया को झाँकते थे अंग,
लगता था जैसे कि समाज निर्वस्त्र हो।

लोक में विषमता की तपन-बयार चली,
दृग में तरलता का करुण प्रवाह था।
घनी अलकों के बीच पलकों का दृष्टि-पात,
सावनी घटा में जैसे बही पुरवाई हो।
मूँदते पलक-पुट खोलते नयन कभी,
सुप्ति और जागरण में स्वप्न दोलमान था।
भरते किलक-तान करते रुदन कभी,
स्वर-साधना में जैसे गीत का प्रवाह हो।

बुद्धि में प्रखर और ज्ञान में प्रवीण अति,
जन्म से हुए उदीय पुण्य संस्कार थे।
सत्यव्रत में अलंघ्य बालक कबीर हुए,
होनहार बिरवों के होते स्निग्ध पात हैं।
पात का प्रतान हरता है पथिकों की श्रांति,
धूप सहता है और छाँव बरसाता है।
फैलती दिशाओं में प्रफुल्ल सुमनों की गंध,
फल बनने के लिए रूप मिट जाता है।

विटपों का ध्येय मात्र फूल खिलना है नहीं,
फल के बिना है रिक्त शोभा हर डाल की।
भूख बनता है वही भूख हरता है वही,
रस बरसाता सदा ज़िंदगी के दाह में।
वृक्ष रहता अटल मूल की सुदृढ़ता में,
सत्य की अडिगता का यही प्रतिमान है।
वायु के हिंडोले में झुलाती हैं दिशाएँ जिसे,
फल की अधिकता में डाल झुक जाती है।

मन में कौतूहल था सृष्टि की क्रियाएँ देख,
बालहठ से विमुक्त थी विनोद-प्रेयता।
प्रेम के प्रवाह की हुई प्रशस्त पृष्ठभूमि,
झरने का एक स्रोत नदी बन जाता है।
रुकता न वेग अवरोध कितना हो भले,
कर्मशीलता ही मानवों का इष्ट धर्म है।
खुलते हैं दिव्य चेतना के ऊर्ध्व द्वार जहाँ,
कर्म से ही मिलती सफलता की राह है।

रूढ़ियों से हुई किंतु धर्म की निरुद्ध गति,
लोक में कुरीतियों का फैला भ्रमजाल था।
त्यागवृत्ति भूल सभी भोग में हुए मदांध,
लुब्ध होते भृंग जैसे पुष्प के पराग में।

बुद्धि की कलुषता से था हृदय कठोर अति,
कुटिल प्रवृत्तियों में मन का रुझान था।
सत्य की प्रतीति जहाँ रोदन अरण्य बनी,
भ्रमित थे लोग सब अंधविश्वास में।

विप्र मानते थे अपने को परिपूत सदा,
दलित-अछूत सभी जन्म से अपूत थे।
धर्म के पुरोहितों का था अलंघ्य ज्ञान-मार्ग,
रामभक्ति के स्वरूप का यही प्रमाण था।
कौन है अपूत और कौन परिपूत यहाँ,
भोज्य-पाक के विकार से भरा शरीर है।
है कहाँ पवित्र वारि-वारिता जलाशयों की,
जल-जंतुओं के रक्त-स्वेद के प्रभाव से!
मल-मूत्र-त्याग और प्रसव का ठाँव जहाँ,
आचमन के लिए प्रयुक्त वही नीर है।
मृत्ति-घट में भी परिपूतता बसी है कहाँ,
भूमि में मिली असंख्य मृतकों की राख है।

शुद्धि औ' अशुद्धि का विभेद भला कौन करे,
मन में विकार का प्रभाव यदि शेष है!

विप्र में विशिष्टता का बड़ा अभिमान यदि,
पाते क्यों न जन्म आप अन्य और राह से!
भेद-भावना निकृष्ट शूद्रता का रूप सदा,
विप्रता है प्राणिमात्र की समत्व दृष्टि में।

एक ही असीम शक्ति का निवास प्राणियों में,
कहते सुजानमति सार तत्त्वज्ञान का।
थी अनंत ब्रह्म में अखंड धारणा पुनीत,
किंतु खंड-खंड में न प्रेम की प्रतीति थी।
व्यर्थ का विवाद सत्य-ज्ञान के विमर्श बिना,
दृष्टि-भ्रांति ऐक्य में विभेद उपजाती है।
हाय रे मनुष्य, धर्म क्या यही मनुष्यता का,
प्रेम के बिना न सत्यता की कोई राह है।

बाहरी आडंबरों से जागता विरोध-भाव,
युग की कुरीति देख होता विद्रोह था।
गूँजता था चेतना में सत्य का अदम्य राग,
तत्त्व के विचार में प्रवृत्ति जन्मजात थी।

देखकर अनीति मन में थी कल्पना ज्वलंत,
मुक्त हो समाज बद्ध रूढ़ियों के जाल से।
गूँज उठे चेतना में ज्ञान का अमंद राग,
मानवीय प्रेम का अखंड स्वस्ति-गान हो।

उगता है सूर्य युगधर्म का प्रकाश लिए,
किरणों का रथ किंतु मेघ रोक लेते हैं।
हो भले कठोर रौद्र अंधकार का असत्य,
सत्य की ही विजय का केतु लहराता है।

•

गतिरोध

पुत्र-सुख में हो भाव-विभोर,
हुए नीरू-नीमा थे धन्य।
मनुज के जीवन में गतिमान,
नहीं इससे बढ़कर सुख अन्य।

छलकता था आँखों से नेह,
अधर पर छाई थी मुस्कान।
चंद्रमा की किरणों से स्नात,
धरा होती जैसे द्युतिमान।

लिए था खुशियों का कलनाद,
कल्पना की लहरों का वेग।
हृदय का शीतल-शांत प्रवाह,
मिटाता था मन का उद्वेग।

मिला घर को ऐसा कुलदीप,
हुआ जगमग हर ओर प्रकाश।
उदित रवि की किरणों के बीच,
चमत्कृत हो जैसे आकाश।

लहकती थी प्राणों की भूमि,
मिटा सब अंतर् का संताप।
दुःखों की नीरवता कर भंग,
ध्वनित होता सुख का आलाप।

सजा था आशाओं का द्वार,
देख मन का उत्सव सप्रीत।
तरंगित होता था अविराम,
हृदय की भाषा का संगीत।

तनय की मोहक छवि को देख,
उमड़ता था अतिशय आनंद।
तर्कमय भाषा का संवाद,
रचित ज्यों कवि का सुंदर छंद।

देख स्वजनों का इच्छित भाव,
जगी नीमा के मन में चाह।
पुत्र का ख़तना हो अति शीघ्र,
मान्य है यही धर्म की राह।

सुनी घर में जब ऐसी बात,
क्षुब्ध थे बालक हुए कबीर।
रूढ़ियों का वह देख विधान,
हृदय में गड़ा अचानक तीर।

उठा अंतर् से आकुल वेग,
रागिनी रह न सकी फिर मौन।
"मुझे यह भीतर से चुपचाप,
न जाने खींच रहा है कौन!

(बड़े कोमल थे मन के तार,
लगा झटका-सा एक कठोर।)
जगत के मतभेदों के पार,
कहाँ है छिपी सत्य की डोर!

झूमते हैं धरती-आकाश,
मेघ जब बरसाते हैं नीर।
स्रोत सब बनते एक प्रवाह,
देख मन होता अधिक अधीर।

विलगता नहीं, ऐक्य का भाव,
सदा है जल की यह पहचान।
मनुज भी नहीं स्वयं से भिन्न,
सभी रूपों में एक समान।

ख़ुदा का एक वंश-विस्तार,
कहूँ फिर किसे श्रेष्ठ या हीन!
मनुज निज सत्ता से अनजान,
बना अपनी लघुता में दीन।

देह, इंद्रिय, नख, रुधिर समान,
सभी में प्राण-तत्त्व है एक।
हुआ मानव फिर क्यों दिग्भ्रांत,
बुद्धि का यह कैसा व्यतिरेक!

सृष्टि में सबका एक विकास,
दृष्टि में फिर कैसा विलगाव!
धर्म की खोज न होगी पूर्ण,
धरा पर जब तक रूढ़ि-प्रभाव।

कक्ष घर का रहने दो एक,
उठाओ मत भेदक दीवार।
हुई जब सीमाओं की बात,
मनुज का बँट जाता परिवार।

न तोड़ो वीणा के मृदु तार,
फूटने दो करुणा का राग।
सभी का जीवन हो निर्वैर,
मिले सबको अपना सम भाग।"

हुआ काजी का क्रोध कराल,
देखकर मति ऐसी विपरीत।
"रीति जिसको न सहज हो मान्य,
कहूँ क्या इसे हार या जीत!

धृष्टता की सीमाएँ लाँघ,
धर्म पर यह कैसा व्याघात!
हो रही मुझको आज असह्य,
बड़ी छोटे मुँह की यह बात।

हुआ बालक का दोष अक्षम्य,
मिले अब इसे प्राण का दंड।
किया इसने भारी अपराध,
हुआ है मेरा क्रोध प्रचंड।

अशुभ दिन के मालिन्य समान,
बना है यह जातीय कलंक।
विरोधों का ले बेसुर राग,
अभी तक बोल रहा निश्शंक।

दूसरों को कहता है मूढ़,
स्वयं को मान रहा मतिमान।
वध्य है नीरू! तेरा पुत्र,
मान्य हो मेरा दंड-विधान।

उगी घर में जो यह विष-बेलि,
कलंकित उससे हुआ समाज।
सदा से मान्य धर्म के चिह्न,
हमारे ख़तना और नमाज़।

उठाओ कर में अभी कटार,
मिटा दो इसकी अब पहचान।
नहीं मौजूद रहेगा बाँस,
न फिर होगी वंशी की तान।

अवज्ञा होगी कभी न क्षम्य,
अटल है मेरा यह आदेश।
टूट जाए रिश्ते की डोर,
ग्रहण हो या कि धर्म-संदेश।"

हुए नीरू थे चित्त-विमूढ़,
नियति का है कैसा यह दंड!
जाति का निष्कासन स्वीकार्य,
या कि फिर सुत का मोह अखंड!

देख दुःख का ऐसा व्याघात,
व्यथित था जड़-चेतन प्रत्येक।
उमड़ता उर में एक प्रवाह,
किंतु लहरें थीं वहाँ अनेक।

भ्रमित करता था मन को द्वैत,
भावना की डगमग थी नाव।
कभी सीधी या टेढ़ी राह,
भटकते थे नीरू के पाँव।

वेदना की ज्वाला में तप्त,
सदा ही व्याकुल होते प्राण।
हृदय को भीतर से चुपचाप,
वेधते हैं द्वंद्वों के बाण।

सदा जलती रहती है आग,
दिखाई देता किंतु न धूम।
सभी सपने हो जाते भस्म,
निराशा की लपटों को चूम।

टूट जाते करुणा के छंद,
विद्ध विहगों जैसे मर्मांत।
देखकर प्राणों का शैथिल्य,
चेतना हो जाती है क्लांत।

भटकता मन हरिणी-सा व्यग्र,
देख मरुथल-सा शून्य वितान।
भ्रांतियों-शंकाओं के बीच,
बुद्धि की खो जाती पहचान।

कहीं कुछ हो जाए न अनिष्ट,
चित्त में उठता सदा झकोर।
घूमती-फिरती हैं उन्मत्त,
भीति की छायाएँ हर ओर।

निराशा में सुख का आभास,
सदा लगता सपनों-सी बात।
तारकों के गिनने में व्यस्त,
बीत जाती है सारी रात।

क्षितिज का छोर न दिखता पास,
दूर लगता नीला आकाश।
ढूँढ़तीं आँखें तम के बीच,
ज्योति का झिलमिल एक प्रकाश।

द्वंद्व के दो पाटों के बीच,
विलग होते मन और शरीर।
दर्पणों में जमती जब धूल,
मलिन हो जाती है तस्वीर।

बुद्धि हो जाती है जब वाम,
बदल जाती है मन की चाल।
मनुज को डसता है चुपचाप,
विषम अंतर्द्वंद्वों का व्याल।

चित्त का यही विपर्यय ज्ञान,
रज्जु में करे सर्प की भ्रांति।
अनिश्चय-दुविधाओं के बीच,
नहीं मन को मिल पाती शांति।

भावना और स्वार्थ के बीच,
छिड़ा नीरू का रण दुर्जेय।
करुण जीवन के स्वर का गान,
बन सका किंतु न मन का प्रेय।

पिता का निर्णय था अति क्रूर,
हुआ सुत के प्रति हृदय कठोर।
प्रकृति भी हो जाती है मौन,
जहाँ माँ की ममता का शोर।

पिता में स्वार्थ भले आ जाय,
किंतु माता का हृदय विशाल।
सिंधु-सी गहराई के बीच,
विकसते ममता के शैवाल।

देखकर सुत का करुण विछोह,
अश्रु से भीगे युगल कपोल।
लिखा माताओं ने इतिहास,
पिता का है अपना भूगोल।

उमड़ता उर में प्रेम-प्रवाह,
नहीं माँ की ममता की थाह।
स्वयं वह चल पड़ती जिस ओर,
वहाँ बन जाती सुख की राह।

लिए जग के सारे अभिशाप,
लुटाती है सुत को वरदान।
मिटे चाहे सारी यह सृष्टि,
अमिट है माता की पहचान।

सभी रत्नों की है वह खान,
न खाली होता उसका कोष।
करे सुत चाहे जो अपराध,
नहीं देखा करती वह दोष।

तनय के मुख-मंडल को देख,
फूटती है चुंबन की प्यास।
प्रफुल्लित होते हैं मन-प्राण,
हृदय में छा जाता मधुमास।

ढुलक जाते बन आँसू-बूँद,
भावना की हलचल के ज्वार।
भूख करती है जब बेचैन,
उमड़ पड़ती है पय की धार।

झूलता है सारा यह विश्व,
हिंडोला है माता की गोद।
प्रणय की है ऐसी यह भूमि,
जहाँ मिलता है सबको मोद।

दु:खों में भी रखती समभाव,
त्याग की दिखलाती है राह।
बरसते हैं करुणा के मेघ,
हृदय के मिट जाते सब दाह।

नयन में नीलांबर-विस्तार,
हृदय का सागर अगम-अगाध।
जहाँ बहता है माँ प्यार,
पूर्ण हो जाती है हर साध।

धरा पर माँ की ज्योति अखंड,
जला करती तिल-तिल दिन-रात।
न जाने फिर क्यों पुत्र कृतघ्न,
उसे देते कितने आघात।

स्वयं माँ है ऐसा उपमेय,
नहीं जग में जिसका उपमान।
न है मानव का कुछ अस्तित्व,
बिना समझे उसका अवदान।

हुए थे नीरू स्वयं अवाक्,
देख ममता का भाव-प्रवाह।
बुलाती हो कोई ज्यों पास,
उन्हें अपनी अनजानी राह।

मृत्यु का था अति गर्जन-शोर,
भयानक थी काली वह रात।
लिए जीवन का नव संदेश,
खिला आशा का पुण्य प्रभात।

लिए थी सुत को अपनी गोद,
हुई नीमा कर्तव्यविमूढ़।
अटल जिसकी है जग में रीति,
प्रेम का आशय सदा निगूढ़।

सजल करुणा से पूरित नेत्र,
छलकता था अंतर् से नेह।
मोद-भय का था मिश्रित भाव,
चली अपनी माता के गेह।

हृदय में रस का पारावार,
भरा था प्राणों में उत्साह।
चला करते हैं सुख-दुःख साथ,
यही मानव-जीवन की राह।

सदय माँ की ममता से दीप्त,
पुत्र का मुख था हुआ प्रशांत।
सूर्य की किरणों से उत्फुल्ल,
यथा कमलों से सरवर-प्रांत।

बिना छोड़े खिलने का धर्म,
सहन करता भ्रमरों का दंश।
पंक-दल में भी रहकर पद्म,
नहीं होता कर्मों से भ्रंश।

नए पथ का होता संधान,
मनुज करता है जब संघर्ष।
दु:खों का ही देकर संकेत,
बुलाता है कोई उत्कर्ष।

अभी तक थी जो क्लांत-उदास,
हुई मगहर की धरती धन्य।
मोद बन आए जहाँ कबीर,
हुई जड़ता जैसे चैतन्य।

जहाँ गलियों में बालक-वृंद,
कर रहा क्रीड़ा मिलकर साथ।
मिले फिर से बिछुड़े ज्यों मीत,
हुए आपस में सभी सनाथ।

परस्पर के भेदों से मुक्त,
जहाँ पर था स्वजनों का प्रेम।
हृदय के अपनेपन में डूब,
पूछते थे आपस में क्षेम।

सभी करते मिलकर जल-केलि,
प्रवाहित थी सरिता की धार।
हृदय के तटबंधों के बीच,
उमड़ता था आँखों का प्यार।

अधर से झरता था मृदु हास,
ध्वनित होती खुशियों की तान।
चपल लहरों की गति को देख,
अथिर जग का होता अनुमान।

रहे घर में कुछ माह कबीर,
वहाँ माँ के संग में ननिहाल।
उमंगों का उठता था ज्वार,
तरंगें थीं मन की उत्ताल।

बिंब में था दर्शित प्रतिबिंब,
यही जग की रचना का खेल।
बाँचते 'ढाई आखर' पाठ,
सदा रखते थे सबसे मेल।

हुए प्रस्थित फिर कुछ दिन बाद,
जहाँ काशी थी रही पुकार।
किसी नाविक को जैसे देख,
बुलाती हो कोई मझधार।

•

संघर्ष

घूमते हैं चंद्रमा, सूरज,
नखत, ग्रहपिंड सारे
व्योम-पथ के शीर्ष पर
अपनी बृहत् आवृत्तियों में
किंतु धँसती है धरा
नित पंक के ही दलदले में
है फँसा जीवन
यहाँ के ज़लज़ले में।

हाथियों-सा रौंदता चलता रहा
दारुण समय का
विप्लवी दुर्जेय रथ
अपना महाभारत लिए
सूनी दिशाओं के वलय को
घेरता था घोर सन्नाटा
अँधेरे में अँधेरे का
अनय के पंक में गहरे
धँसा था सत्य का पहिया
जहाँ अभिव्यक्त था अभिप्राय
अपनी व्यर्थता में!

कबीर ने देखा :
प्रबल व्यतिरेक
मानव की नियति का
"मुक्तता है प्रेय उसको
किंतु स्वीकृति बंधनों की

बँध गए हैं पाँव
अपनी ही कुमति की अर्गला में
है फँसा संसार
अपने ही बनाए
चक्रव्यूहों के दहर में
सूत्रधर निर्माण का जो
आज वह कारण बना है
ध्वंस की विद्रूपता का
धर्म की संज्ञा लिए
करता हुआ
मिथ्यात्व का जयनाद!"

रीतियों की वर्जना
चुभती हृदय में शूल जैसी
बेधते थे रूढ़ियों के बाण
प्राणों को निरंतर
बँट रहे थे लोग
कटुता में, घृणा में,
स्वार्थ के व्यापार में
शुष्क मन की घाटियों को
आर्द्र करती थीं नहीं
रस-प्रेम की भीगी हवाएँ
तप्त फूलों से न झरता था
मदिर मकरंद-रस
ऐसे ज्वलित वातावरण में
वक्ष पर दुःख की
शिलाओं को धरे थे जी रहे
पाषाणता की ज़िंदगी।

वस्त्र बुनते थे पिता
बाज़ार में लाकर

उन्हें फिर बेचते थे
मात्र उद्यम था वही
परिवार की आजीविका का
पीढ़ियों से जो
निरंतर चल रहा था।

साथ में माता-पिता के
हाथ का कंधा बने वे
जीविका थी वह कमाई
ठगी का धंधा नहीं थी।

घूमते बाज़ार में वे
वस्त्र का गट्ठर लिए,
थी ज़िंदगी गट्ठर सरीखी
ढो रहे थे वे उसे
या वह उन्हीं को ढो रही थी
वस्तु के बाज़ार में
या ज़िंदगी के हाट में
जिसके अलग उपयोग अपने
भिन्न सपने...मूल्य अपने...
और पैमाने अलग हैं।

वस्तु के व्यापार में
अपने कथित व्यवहार में
कोई दुकानें हैं मुखर
कोई दुकानें मौन हैं
कैसी दुकानें...कौन हैं?
(यह प्रश्न आवश्यक नहीं)
बाज़ार की माया अजब
सौदा जहाँ हर आदमी
कोई चकित-सा है खड़ा
कोई व्यथित-सा है खड़ा

क्रय और विक्रय की
यहाँ पर होड़ है
विनिमय तथा व्यापार की
हर भंगिमा बेजोड़ है
लेकर लुकाठी
हाथ लहराते हुए
कबिरा खड़ा बाज़ार में!

जो पास थे
वे दूर कतराने लगे
जो दूर थे
वे पास कुछ आने लगे
माथा ठनकने-सा लगा
यह सोचकर-
कैसा अजब है आदमी :
अपने मुखर व्यक्तित्व के
रीते हुए संदर्भ में
पहचान का परिचय लिए
जीते हुए...बीते हुए...
इतिहास की आवृत्तियों-सा घूमता
अपने नए भूगोल में
देखकर बाज़ार के इतिवृत्त को
आकुल क्षुधा के ताप में
ताए हुए दिन
जल उठे अंगार जैसे।

गूँजते थे प्रश्न अगणित
मौन सामाजिक सुरक्षा की
कथित उद्घोषणा में
घेर लेता था अँधेरा
दिपदिपाती कल्पना को

लौह में अपने
समय की ढाल बनकर
थी खड़ी प्रतिरोध में
वह वेदना संवेदना की
छद्म-भाषा की
अकुंठित लक्षणा की धार पैनी
चीरती थी शब्द के
निहितार्थ की अभिव्यंजना को
'अर्थ' के बाज़ार में!

निज अधजले अरमान में
अपनी विवशताएँ लिए
नव सभ्यता की
तंग गलियों, तुंग महलों की
घनी आबादियों में
उस खुले बाज़ार-पथ पर
घूमता था एक बालक
वस्त्र-विक्रय के लिए
या स्वयं बिकने के लिए
तैयार होकर
हाथ ऊपर को उठाए
कौन है क्रेता वहाँ
जो सत्यता का मूल्य समझे
(मूल्य के बिन ही
स्वयं जो बिक चुका है)
व्यस्त थे संभ्रांत जन
बाज़ार की सरगर्मियों में
और माया की
चकित हर भंगिमा में!

भूख सहकर, प्यास सहकर
हर गली फेरी लगाते
तप्त उर में
प्यार पाने की तड़प थी
भूख की बेचैनियों में
तृप्ति पाने की तरस थी
कौन समझे
कल्पनाओं की उदासी
थे मगन अपने सुखद
आमोद में काशी-निवासी
ज़िंदगी के लक्ष्य का
आखेट जैसे बेबसी हो!

जब किसी दिन हाट में
पट-वस्त्र उनके
बिक न पाते
मूल्य कुछ पाए बिना ही
लौट आते गेह अपने
और, लोगों की-
उपेक्षा से व्यथित हो
नियति की प्रस्तर-शिला को
बाहु-कंधों पर उठाए
बढ़ रहे थे पाँव
जीवन की विकट
पथ-शून्यता में।

पेट की वह भूख
आकुल थी नहीं करती उन्हें ही
जल रही थी आग बन वह

अनगिनत भूखे उदर की
उस कठिन जठराग्नि में
दावाग्नि से ज़्यादा तपन थी
क्रांति का विक्षोभ बनकर
कल्पनाओं की पिघलती
अस्थियाँ बिखरी हुई थीं
राख होती ज़िंदगी में!

भूख तन की, भूख मन की
लोक-जीवन की विवशता
अर्थ की इस व्यर्थता का हेतु
सामाजिक विफलता
अधमरी मूर्च्छित व्यवस्था का
लिखित वह पाठ ऐसा
यातनाओं से पटे थे
पटकथा के पृष्ठ कितने
दब गईं सदियाँ अनेकों
सभ्यता के खंडहर में
गर्द बन उड़तीं हवाएँ
प्रश्न के तीखे प्रहर में
घाव की अपनी व्यथा है
क्षार होती ज़िंदगी में!

दूसरों की वेदनाओं में
नहीं संवेदना यदि
व्यर्थ जीना और मरना
व्यर्थ का उल्लास भरना
सौ बरस की प्राण-यात्रा का
हरित अनुभव कहाँ है
काठ बनकर जी रहे जो
साठ होती ज़िंदगी में!

देख लघुतम आय अपनी
और वह दारिद्र्य घर का
मुक्त हो पाना कठिन था
दैन्य की उस क्रूरता से
चिलचिलाती आह की
दारुण तपन में
प्राण व्याकुल हो रहे थे
ज्यों गरल फुंकार कोई
हो विषैले जंतुओं की
आत्मा में सत्य का
ज्यों बोध कोई दे गया हो।

है सुखी संसार
खाता और सोता नींद अपनी
(दूसरों से बेख़बर हो)
किंतु वे रोते सदा
अपनी व्यथा पर...दुर्दशा पर...
(और उन सबके लिए भी
न्याय से वंचित स्वयं जो)
आँसुओं में...
उस रुदन में
क्रांति का विक्षोभ गहरा
जागरण का छंद बनकर
वह तुमुल उद्घोष
लहरों-वीचियों-सा नाचता था
और जीवन की
करुणता-बेकली का
वह महा आख्यान बन

अनुगूँज भरता था दिशाओं में
गगन की घाटियों में
ज़िंदगी का ताप
बनकर भाप उड़ता है जहाँ पर।

देख दीनों की व्यथा
उर में उठे संवेदना जब
सुन सके मानव किसी
घायल हुए मन की विकलता
या स्वयं की वेदना
झकझोरती है आत्मा को
काव्य-पीड़ा की तभी
अनुभूति होती है हृदय में।

आदि कवि के काव्य की
कविता प्रथम ज्यों
वेदना का स्वर लिए
करुणिम अनुष्टुप छंद-सी
संतप्त लहरें
छोड़ जाती थीं हृदय पर
पुलिन-तट-से चिह्न गहरे!

उच्चता के व्यंग्य में
दुत्कार से आहत-विकल
युग की कठिनतम त्रासदी का
वह महाविस्फोट
जीवन का करुण वृत्तांत बनता
और सदियों से वही
जन-चेतना की
शांत लहरों को सदा झकझोरता।

वंचना की राह में
निष्ठुर अहेरी-सी खड़ी थी
जाति की संबोध्यता
जिसके नुकीले वार से
बेधित हुए
नर क्रौंच पंछी-से विकल
दुर्बल सदा घायल हुए हैं।

हाथ पर माथा टिकाकर
क्षोभ में...
अंतर्व्यथा में
जाति की दारुण कथाओं की
घुटन-बेचैनियों में
कसमसाता-सा विकल संतप्त
मन यह सोचता था :
"श्रेष्ठता का दंभ भरना
क्षुद्र मानव की नियति है
कौन छोटा या बड़ा
पहचान का मानक न दिखता
व्यर्थ के बकवास में
यह ज़िंदगी उलझी हुई है
गर्व है किस बात का
अज्ञान में भटके मनुज को
एक ही रज-वीर्य से
इस सृष्टि की रचना हुई है।

देह में सबकी प्रवाहित
एक ही मज्जा-रुधिर है
प्राण भरती वायु की है
एक ही समिधा सभी में
गंध-प्रसरण की जगह
फिर उठ रही दुर्गंध कैसी

जन्म-पथ यदि एक सबका
शूद्रता अभिशाप फिर क्यों
विप्रता वरदान कैसा!

भेद की मैली नदी में
डूबता-उतरा रहा जो
उस अपावन को कभी
गंगा न कोई तारती है
प्राणियों में प्रेम की
जिनमें नहीं समदर्शिता है
सृष्टि सारी एक
लेकिन दृष्टि में अंतर बड़ा है
देखना है पाप
ऐसे धर्म के पाखंडियों को।

आँख पर पट्टी बँधी यदि
दृष्टि को कैसे मिले पथ
श्रेष्ठता की माप होती
कर्म से, शुभ आचरण से
टूटते गुणसूत्र मन के
जाति की रस्साकसी में
क्रंद करती है धरा
इस ज़िंदगी की बेबसी पर
तोड़ दो यह भेद की
चट्टान जो आगे खड़ी है!"

समय की खारी हवाओं की
घुटन में साँस रोके
दहकते ज्वालामुखी की
अग्नि-लपटों से घिरे
(जलते मुहाने पर खड़े)
दुर्दम परीक्षा की घड़ी में
धीरता त्यागे बिना

हिम-सा सघन
जल-सा तरल बनकर
सतत बहते रहे...
कोई न ऐसा मिल सका
जिससे कही जाती विवशता
वृत्ति का संघर्ष
मथता है मनुज की चेतना को।

कामना प्रभु से यही थी :
"दीनता के भी दिनों में
वह समय आए न ऐसा
भूख से व्याकुल किसी के
सामने हम बिलबिलाएँ
सत्य से, श्रम-साधना से
चाहिए उतना हमें धन
पूर्ति हो जाए उदर की
और घर आए अतिथियों का
सहज सत्कार भी हो।"

यह नहीं दायित्व के
संकल्प की केवल कहानी
आम जीवन की समेकित
यह सहज अभ्यर्थना है
बोध में जिसके
तरल अनुभूतियों का भी परस हो
और हृदयाकाश में
पर्जन्य जैसी हो सरसता
काव्य की संवेदना-सा
यह द्रवित उद्‌गार उर का
विश्वव्यापी प्रेम की
अवधारणा का रूप ऐसा

ले सके यदि जो कभी
यह भाव सामाजिक धरातल
सृजन की नव साधना में
पूर्ण हो जाएँ मनुजता की
अधूरी कल्पनाएँ।

"मैं जुलाहा हूँ स्वयं
निज जन्म से भी, कर्म से भी
वस्त्र बुनना-बेचना
यह धर्म मेरा, कर्म मेरा
यह मनुज की ज़िंदगी भी
तंतुओं जैसी बनी है
ज्यों वसन की हो बुनावट
सूत्रधरता के गुणों से।

'तंतुओं को खींचना
उनको मिलाना फिर परस्पर'
शब्द लगते हैं सहज
पर अर्थ यह कितना कठिन है
एक बनता है दहाई
सैकड़ा फिर...
फिर अयुत् विस्तार होता है
समेकित तंतुओं का...
ध्येय है मन में यही :
हम सत्य के दृढ़ तंतुओं से
प्रेम का विस्तार लेकर
लोक-जीवन की
सघन चादर बुनेंगे
नाप के अनुपात में
ऐसा ललित संसार
मेरी कल्पनाओं में बसा है।"

समय के निष्ठुर प्रहारों का
कठिनतम घात सहकर
ज़िंदगी पाती कुलिश का रूप
कुंठित बाण होते हैं
जहाँ आकर सभी
अनुभूतियों का जन्म होता है वहीं।

ज़िंदगी के हर कठिन
आघात को सहते हुए
अपमान-कटुता का
हलाहल-पान नित करते हुए
रोते हुए संसार में
मुस्कान भरने हेतु
जीवन के कठिन संग्राम में
हर शीत, वर्षा, घाम में-
तूफ़ान में चलते रहे
बनकर अनल-पक्षी स्वयं
निज आग में जलते रहे
कहते हुए आवाम से :
हे देव, पहचानो मुझे (?)
मैं तुम्हारी उच्चता के
वृत्त से फेंका गया हूँ
यातना के व्यूह में
तुम्हारी मानसिकता के
हठीले आततायी बंध में
बंदी हुआ मैं जीव हूँ
मुझको मुक्ति दे दो
मैं बिखरा कथानक हूँ
अकथ जीवन-कथा का
बहरे समय की
अनसुनी आवाज़ हूँ मैं

सुन लो मुझे
अपने ज़माने के
करोड़ों...अनगिनत...
दुःखते हृदय का घाव हूँ मैं
मैं सर्द में ठिठुरी हुई
कंपित कठिनतम रात हूँ
हे देव, मुझको आग दे दो
मैं पतीले में रखा
अधपका-सा भात हूँ
मुझको भाप दे दो
मेरा यह दहकता मन
हमेशा...जन्म-जन्मों तक
तुम्हारे प्रेम में शीतल रहेगा!

•

आकुलता

मन आकुल था
प्रिय की प्रेम-पिपासा ऐसी
गहराई में डूब
तृप्ति का छोर न मिलता
सूने पथ पर पलकों के
पाँवड़े बिछाकर
पिय की आस लिए चातक-सी
पिहू-पिहू करता जो
मेघों की पुकार में
बरस गया...
लेकिन वर्षा की बूँद न देखी!

"देह-यष्टि कृश हुई
विरह-आतप की पीड़ा
है असह्य अति
मिलने की आकुल पुकार में
जिह्वा में छाले पड़ जाते
प्रियतम का पथ जोह-जोहकर
आँखों में झाँईं गहरी है
बीत गया जैसे-तैसे दिन
किंतु कठिन यह
रात न कटती
चकवी-सा क्रंदन कठोर
झकझोर रहा

उर को कब से यह
चकवे का व्रत-मौन
भला कैसे टूटेगा
मिलने की वह कब
ऐसी बेला आएगी
जी भरकर जब उसे
देखने के कौतुक में
अपनी ही भूली
राहों की राह मिलेगी
सपनों की हर गहराई
की थाह मिलेगी
होगा फिर संवाद
मिलन के संकेतों में।

चकवी मिल जाती
चकवे से नए प्रात के
उन्मीलन में
विरह-ताप फिर
मन को शीतलता देता है
रवि की किरणें
ऊष्मित करती हैं प्राणों को
किंतु विरह में कातर हो
आत्मा मेरी यह
विरह-विदग्धा-सी
दारुण चीत्कार-विकल
आहुति-ज्वाला बन
धूमाकुल उच्छ्वास लिए
जलती-बुझती क्षण-प्रतिक्षण
कंपित हो-होकर!"

विरहातप मन को
जितना व्याकुल करता है
वही मिलन की उत्कंठा बन
तृषा जगाता, तपन बढ़ाता
और वही पावस-फुहार बन
जीवन में रस भर देता है
एकाकीपन की लहरों में
जहाँ द्वैत के तट बनते हैं
किंतु पार कर धाराओं के
मुक्त मिलन में
जहाँ तटों पर-
सेतुबंध बनता जीवन का
'तुम' 'मैं' मिलकर 'हम' हो जाते
प्रणय-बोध की उन्मनता में
जीवन के संवाद मुखर
हो मौन स्वयं
मन की सत्ता से परे
अगम चेतना-लोक के
अंबर में छा जाते हैं।

कितना पवित्र वह था
कबीर का अंतर्तम
मूर्च्छना प्रेम की
जाग रही थी रग-रग में
तन-मन होता
संतप्त भले ही
किंतु पुलक की लहर
सदा बहती उर में
रसमयता का संवाद लिए।

म्रियमाण जगत में
मानव का चेतनता से
गहरा नाता

जो देता है जीवन को
गतिमय संवेदन...
बढ़ते पग को
पथ का निकास
सुनसान दिशाओं की
उदास हर संध्या को
नूतन प्रकाश!

यह कबीर का प्रेम-विरह
मानव-मानव के बीच
बढ़ रही दूरी का
संकेत-चरण है
अहंभाव की तटस्थता में
दूर हो रहे रिश्तों के तट
अकुलाती लहरों का
हाहाकार करुण है
गूँज रहा क्रंदन जीवन का
गाँव-गाँव में, नगर-नगर में
टकराहट की चिनगारी
हर ओर फैलती
डगर-डगर में
धुआँ-धुआँ हो रहीं दिशाएँ
कड़ुवाहट बढ़ती आँखों की
घुटनभरी बह रहीं हवाएँ।

उलझ गए हैं प्रश्न
कई प्रतिप्रश्नों में
हैं प्रश्न-चिह्न (?) के घेरे में
कितने ही प्रश्नों के उत्तर
कितने ही काले दाग छिपे

चंदा के गोरे मुखड़े पर
जारी है उसको पाने का
अभियान अभी
बाकी है मंगलयान अभी
अपनी धँसती इस धरती का
कुछ ध्यान नहीं
यह कितना घोर अमंगल है
पर सोचा क्या?
इतनी ऊँचाई पर जाकर
क्यों गिरने का अफ़सोस नहीं?
पुल-बाँध बने हैं
नदियों पर, नद के ऊपर
लेकिन मन से...
मन का है कोई सेतु नहीं
मानव-मानव के पास खड़ा
लेकिन फिर भी दूरी कितनी
इस प्रेम-विमुखता में
है मजबूरी कितनी
आपस में मिलने को
कब मन आकुल होगा?
इन जीवन-संदर्भों में भी
यह है कबीर की
प्रेम-विरह की आकुलता।

वे देख रहे तरलित होकर-
आकुलता के गलियारे से
सबकी अपनी-अपनी राहें
सबके हैं अपने चौराहे
सबकी है अपनी साज अलग
सबकी अपनी आवाज़ अलग
सबकी है अपनी ढाल अलग
सबकी अपनी तलवार अलग

सबकी है अपनी जीत अलग
सबकी है अपनी हार अलग
सबकी है अपनी खाद अलग
सबका अपना उत्पाद अलग
उन दु:खती चोटों से पूछो
किसका है कितना घाव अलग!

निज ऊँच-नीच के
रंग-भेद में...
जाति-धर्म के, संप्रदाय के
केतु अलग हैं
एक बीज के अंकुर हैं
पर सबके अपने हेतु अलग हैं
आकुल है हर शासित
शासक से मिलने को
धनवानों से निर्धन
अपनी निर्धनता की मजबूरी में
आकांक्षा के पुनर्मिलन की
अपनी दैनिक मज़दूरी में
घोर विलगता की सीमाएँ
मिलने में कितनी बाधाएँ
जग-जीवन के अनुशासन का
सामाजिक आशय बंदी है
यह कबीर की आत्मा के
अध्यात्म-विरह का अंगराग है।

अपने प्रियतम से मिलने को
मन में कितनी आतुरता है
"रात बड़ी लंबी है
अँधियारा गहरा है
गगन-गुफा का द्वार खोलने

आएगा कब परदेशी वह
अवगुंठन में बंद पड़ा है
ललना का मुख।

प्रेम-विवशता-विरहाकुलता
के दाहकमय फुंकारों को
और दंश की पीड़ाओं को
सह पाना कितना मुश्किल है
यह अकुंठ वेदना कठिन
उपचार न कोई
जाऊँ अब किस ओर
सूझता नहीं दृष्टि को
पतली है यह गली प्रेम की
पाँव न आगे बढ़ पाते हैं।"

सामाजिक जीवन-धारा में
यह कबीर के आत्मलोक की
विरह-विकलता...
बाह्य जगत के संघर्षों से
जूझ रहे मानवी प्रेम का
वैयक्तिक आकुल अनुभव है
चेतन के अनुभूति-शिखर पर
आत्मप्रेम उनका यह
अपने विश्व-प्रेम की व्यंजकता में
हो जाता अद्वैतरूप है
किंतु वही अभिव्यक्ति-प्रकाशन
की भाषिकता में आकर
जैविक आशय में
द्वैत स्वयं बन जाता है
निज प्रियतम की
विरहाकुलता में तड़प-तड़पकर
सामाजिक अध्यात्म-बोध

लेकर कबीर
जनमानस के रेतीले तट को
अपनी प्रेम-लहर की
शीतलता देकर
फिर से उर्वर कर जाते हैं
मति के भ्रम में
या रूठेपन की अनबन में
दो हृदय अगर दो तट जैसे
हों दूर खड़े अनजाने में
योजित करने के हेतु उन्हें
अपने ही ईंटों-गारों से
वे सेतुबंध बन जाते है।

× × ×

निज अग्नि-परीक्षा की
दुर्दम राहों को करके पार
स्वयं अपने ही घर के द्वार
खड़े प्रियतम को देख
विमूढ़-चकित...
संतप्त विरहिणी आत्मा
बेसुध बाला-सी
अपनी सुध-बुध सब भूल
गहन भावातिरेक में लीन हुई
पा दीप्ति प्रणय की
स्नेह-सूत्र से योजित हो
जगमग होती-
दिपती है जैसे दीपशिखा।

"है भाग्य बड़ा
पिय दूल्हा बनकर घर आए
बारात सजी यह देख

पिपासित आँखों को
रसपान मिला
उन्मत्त हुआ यौवन
अपनी अँगड़ाई में
पिय के संग भाँवरि में घूमे
पग थिरक-थिरक
सखियों ने मंगलचार किया
सुख-सपनों की
बाती जलती बाहर-भीतर
हर ओर हुआ नव उजियारा
प्रियतम के संग सोने का
यह आनंद सुखद
मन को भाया
है धन्य हुआ जीवन सारा
अब और नहीं कुछ
चाह रही इस जीवन में।

कितनी मोहक यह
अकथ कहानी है प्रियतम की
प्रेम-गान की स्वर-लहरी का
मंजु घोष यह
जिसे श्रवण कर
कानों में हो जाता है
रस का प्रवाह
घुल जाती है प्राणों में
मिसरी की मिठास
मिल पाती है
संतृप्ति न ऐसी और कहीं
थक जाते पाँव विरह की
योजन-दूरी तक चलते-चलते
लेकिन यात्रा का छोर
नहीं दिखता कोई।

उग आता अँधियारे में ही
सूरज सहसा
मिलता प्राणों को उजियारा
अधराधर पर प्रियतम की छवि
लाली बनकर खिल जाती है
पाकर सुहाग का राग
डूब जाता है मन
रस के उस गहरे सागर में।"

अपनी पुकार लेकर
कबीर हैं खोज रहे
आकुल होकर...
करुणा की शीतल छाँह
हृदय की दाहकता में :
"तुम्हीं मातृ-वत्सलता मेरी
मैं अबोध बालक-सा
क्रीड़ाओं में रत हो
दिवस-रात अपनी ही
भूलों के कारण
भूला निज पथ से
चलता रहा अपरिचित-सा
अनजान डगर पर
राह दिखाने आया
कोई नहीं अभी तक
तुम्हीं एक मेरे
जीवन के पथदर्शक हो
अपनी ममता के आँचल में
मुझे बुला लो
मुझे सुला लो।"

प्रिय की रूपासक्ति बिना
संभाव्य नहीं है
प्रेम-तत्त्व का प्रतिपादन

है कभी तड़पता हंसा
पिय से मिलने को
फिर वही तड़प
आकुलता का कंचुक उतार
मिलनोत्कंठा की पुलक लिए
भर देती है आह्लाद
हृदय में- प्राणों में
फिर वही प्रेम की
उमड़-घुमड़, गर्जन-तर्जन
हलचल-प्रकंप
आस्वाद भरा रसमय प्रवाह
अंतरतम में उफनाता है।

जब भक्ति-लहर
उठती भक्तों के अंतर् से
अव्यक्त-अनाकृत की
आकृति बन जाती है
धारण करता जो
रूप स्वयं ही प्रियतम का
संज्ञा है जिसकी
सर्वनाम हर प्राणी में
जब भक्ति-भाव में
अवगाहित हो भक्तों की
वाणी में होता रस-प्रवाह
तब भक्ति स्वयं
रसमय कविता बन जाती है
प्रेमाभिव्यक्ति-अभिव्यंजन में
नारी का अवलंबन लेकर
उस शून्य शिखर तक जाती है
होती प्रसरित पिय की
कस्तूरी गंध जहाँ।

•

अवबोध

अंधकार से परिवेष्टित इस विश्व-कुहर में,
दीपशिखा युग की दुर्भाग्य-दशा पर रोती।
सूर्य न उगता है जब तक अपनी सत्ता का,
लोक-चेतना की आभा उद्दीप्त न होती।

बाहर का सौंदर्य भ्रमित करता आँखों को,
दृष्टि न जाती मन की अंत:सुंदरता पर।
क्षुद्र नदी की उमड़-घुमड़ जिसको प्रिय लगती,
ध्यान न रमता शांतप्रवाही सुरसरिता पर।

देख ऊपरी रूप मंच पर चहल-पहल के,
अंत:पुर आकुल होता है सूनेपन में।
कोलाहल से नीरवता का भेद न खुलता,
लक्षित होते दृश्य न छाया के कंपन में।

दिन में भी रजनी जैसा दिखता सन्नाटा,
गुंजित होती कूक न कोयल की मधुवन में।
अंतर्मन की प्यास अधर तक ही सीमित है,
चेतनता की ज्योति न जगती है जीवन में।

जाग उठी कल्पना-लहर मन में कबीर के,
"सद्गुरु हैं पतवार स्वयं इस भवसागर की।
बिना ज्ञान के मन का अंतर्द्वार न खुलता,
वही एक है प्रभा-ज्योति हर शून्य डगर की।

बहता अविरल ज्ञान सदा गुरु की वाणी से,
शब्दों में बन अर्थ वही संचित रहता है।
एक राग उठता जो वंशी के छिद्रों से,
त्रिविध समीरों के हर कंपन में बहता है।

गुरु की महिमा की इस जग में थाह न कोई,
उन्मीलित कर देता वह अंतर्लोचन को।
सर्वनाम शिष्यों की वह संज्ञा बन जाता,
पूज रहा सारा जग उस संकट-मोचन को।

किंतु पिता-माँ की आज्ञा बिन कार्य अधूरा,
खुलती है जीवन-यात्रा की राह जहाँ से।
जगता है विश्वास प्रबल मन का वाहक बन,
चालित होता प्राणों में उत्साह जहाँ से।

जिज्ञासा हो रही प्रबल गुरु से मिलने की,
जान सकूँ उस हरि को जो सबका स्वामी है।
सर्वनाम 'वह' एक विविध 'संज्ञाएँ' जिसकी,
यह मन उसी ख़ुदा का प्रतिपल अनुगामी है।"

"जन्म-हेतु हैं आप स्वयं मेरे जीवन के,
मुझे कर्म-पथ पर चलने का भी संबल दें।
बने सफल यह जन्म न फिर अवसर पाऊँगा,
दुर्बलता को त्याग मुझे ममता का बल दें।"

"नहीं पुत्र, ऐसे अप्रिय मत वचन कहो तुम,
भला तुम्हारे बिन हम कैसे जी पाएँगे!
तुम्हीं एक प्रिय तंतु हमारे हो प्राणों के,
वत्सलता के पट फिर कैसे सी पाएँगे!

तुम्हीं एक प्यारे इन आँखों के तारे हो,
बिना तुम्हारे घर यह सूना हो जाएगा।
पूर्व व्यथा से ही अब तक आकुल अंतर् है,
सुत-वियोग का दुःख यह दूना हो जाएगा।"

कहने लगे कबीर अतर्क्य विनत वाणी में,
"त्याग गृहस्थी का मेरा मंतव्य नहीं है।
राही की पहचान सदा पथ पर चलने से,
राह छोड़ देना मेरा गंतव्य नहीं है।

ज्ञान बिना निष्फल है मानव का जीवन यह,
गुरु से पा अवबोध लौट वापस आऊँगा।
घृणा, स्वार्थ, कटुता की इस बढ़ती हलचल में,
प्रेम-दया की राह मनुज को दिखलाऊँगा।"

विस्मित थे नीरू-नीमा सुत की दृढ़ता से,
"जीवन-पथ का मूल्य स्वयं तुमने जाना है।
जाओ बेटा, ख़ुदा तुम्हारा भला करेगा,
तुमने जीवन के अभीष्ट को पहचाना है।"

उत्कंठा हो उठी तीव्र गुरु को पाने की,
हृदय उमड़ने लगा भावना की धारा में।
तड़प उठी चेतना देख मन की आकुलता,
रह न सका बंदी जीवन तम की कारा में।

"इष्ट एक है लक्ष्य, राह कितनी दुर्गम हो,
कितने ही अलंघ्य गिरियों पर चढ़ जाऊँगा।
डिग न सकेगा मेरा दृढ़ संकल्प कभी यह,
ध्येय-प्राप्ति के लिए गगन तक बढ़ जाऊँगा।

एक राम रमता है जो सबकी साँसों में,
ज्योति उसी की प्रस्फुट है हर जड़-चेतन से।
राम-रूपमय सद्गुरु रामानंद स्वयं हैं,
जोड़ रहे अध्यात्म-सेतु लौकिक जीवन से।

काशी नगरी में पुनीत आश्रम है जिनका,
तापस की महिमा प्रसरित है दिग्-दिगंत में।
पशु-पक्षी विचरण करते उन्मुक्त जहाँ पर,
क्रीड़ा करती प्रकृति वनांचल के वसंत में।

त्रिविध वायु बहती है तरुओं के अंचल से,
पुष्प-लताओं से मंडित विस्तार जहाँ पर।
केका करते हैं मयूर पाँखें फैलाकर,
कण-कण में है शोभा का संसार जहाँ पर।

भृंग मुदित हो गुंजन करते हैं फूलों पर,
मुग्ध कोकिलाएँ मधुमय कूजन करती हैं।
करता है निर्भय बिहार दल सारंगों का,
मंजरियाँ प्रिय मधुवन का पूजन करती हैं।

अवलंबित होते वल्कल तरु की डालों पर,
जप-तप का होता पावन अवधान जहाँ है।
गूँज रही महिमा जिसकी चहुँ दिशि नभ-थल में,
जग में ऐसा सुंदर साधन-धाम कहाँ है!

ठाँव वही शुभ जहाँ पुण्य मानव बसते हैं,
संत जहाँ हैं उससे बढ़कर धाम न कोई।
एक तत्त्व भासित होता जिनको घट-घट में,
ऐसे दृष्टि-सुलभ को दुष्परिणाम न कोई।

रहते हैं जो निरत सत्य के आराधन में,
वैष्णवता का फूट रहा आलोक हृदय से।
निराकार सत्ता है निर्गुण-भूमि उसी की,
जगमग होते नेत्र ज्ञान के अरुणोदय से।

देते नित संदेश प्रेम का जनमानस को,
अंतर् में करुणा का सागर लहराता है।
दीपित होती ज्योति जहाँ पर मानवता की,
मानव भी नर से नारायण बन जाता है।

उन्हीं पूज्य गुरुवर की मैं जा रहा शरण में,
वही इष्ट आधार एक हैं इस जीवन के।
खोज रहा हूँ मुक्त गगन गर्जन-गौरव का,
घुमड़ रहे कल्पना-मेघ नव पविर्तन के।"

निकल पड़े बन पथिक पंथ के अन्वेषण में,
सद्गुरु से मिलने की उत्कट अभिलाषा थी।
आकुल था हर शब्द अर्थ-गौरव पाने को,
अकथ प्रेम की अनभिव्यक्त गोपन भाषा थी।

पहुँचे जब गुरु-आश्रम के सन्निकट द्वार पर,
एक शिष्य की लगी वहाँ पहरेदारी थी।
तुरक जान इन्कार हुआ दीक्षा मिलने से,
गुरु-सम्मुख जाने वह कैसी लाचारी थी!

"मुसलमान-हिंदू दोनों में भेद नहीं कुछ,
गुरुवर ने फिर मुझे नहीं क्यों अपनाया है?
जाति-पाँति अवरोध बने क्यों संबंधों में,
भेद-भावना जग की यह कैसी माया है!"

हुआ तुषारापात अचानक आशाओं पर,
तड़प उठी भावना हृदय के आघातों से।
करुण हुई वेदना देख लघुता जीवन की,
एकाकीपन में आहत दुःखमय बातों से।

मिलन बिना वह थी यात्रा की राह अधूरी,
सत्य-ज्ञान था पड़ा धर्म-संकट के भय में।
चले वहाँ से लौट पथिक भूला ज्यों पथ हो,
क्षोभ-ग्लानि से भरे हुए मन के विस्मय में।

"जाते प्रातःकाल स्नान के हित गंगा को,
मिलन हेतु बस यही एक उपयुक्त समय है।
पाए बिन दर्शन उनके विश्राम नहीं अब,
मन में असमंजस का फिर यह कैसा भय है!"

लेट गए गंगा-तट के सुख-सोपानों पर,
चरण पड़ गया अकस्मात ऊपर गुरुवर का।
"अप्रिय हुआ भूलवश बेटा! 'राम-राम' कह,"
'बीज मंत्र' बन गया पद्म उर के सरवर का।

"अप्रिय नहीं, अभीष्टपूर्ण प्रियतम घटना यह,
'राम-नाम' की यह मंगलमय गुरु-वाणी है।
धारण करता हूँ इसको अपने अंतर् में,
मानव के हित यह जीवन की कल्याणी है।"

तन-मन पुलकित था दर्शन पाकर स्वामी के,
निर्धन को सहसा ज्यों कोई प्राप्त विभव हो।
"धन्य भाग्य, जीवन की सारी प्यास बुझी अब,
करुणामय पावस से उर में प्रेम प्रभव हो।"

“बेटा, निज घर को जाओ, हो क्लेश न मन में,
समझ गया मैं आज तुम्हारे दीर्घ हृदय को।
तिमिर-व्यूह से बद्ध क्षितिज की सीमाओं में,
रोक सका है कौन भुवन में सूर्योदय को!”

स्वामीजी बढ़ चले लक्ष्य की ओर वहाँ से,
किंतु अमिट घटना वह, ऐसा दृश्य घटित था।
बिंब स्वयं था चकित देख उस भाव-दशा को,
मन के दर्पण में ऐसा प्रतिबिंब जटित था।

प्रस्थित हुए कबीर गेह वापस आने को,
तिलक लगाए, पहन गले में कंठी-माला।
राम-नाम का जाप स्वरित होता जिह्वा से,
मन अवेश था, लेकिन तन का वेश निराला।

चौंक उठी माँ देख धर्म का परिवर्तन वह,
“अरे पुत्र, तेरा यह कैसा वेश बना है!”
“धन्य हुआ जीवन स्वामी की अनुकंपा से,
प्राप्त स्वयं गुरु से मेरा परिवेश बना है।”

सुनकर वह संवाद चकित नीरू-नीमा थे,
“क्यों रे, यह कैसा अनर्थ तुमने कर डाला!”
लगे सभी कहने, “कबीर हिंदू बन बैठा,
अमृत स्वयं बन गया आज है विष का प्याला।”

विप्रवृंद चल पड़ा स्वयं आश्रम स्वामी के,
गूँज उठा सबका विरोध-स्वर कोलाहल में।
“मुसलमान-सुत कौन, जिसे मैंने दीक्षा दी?”
“वह कबीर है, फँसे आप कैसे उस छल में?”

प्रस्तुत किया द्विजों ने जब दीक्षित कबीर को,
लगी उमड़ने भीड़ दृष्टि के कौतूहल में।
कहा, "पूज्य गुरुदेव! आपका शिष्य वही मैं,
अंतर क्या आ गया आज मेरे उस कल में!

दीक्षा से वंचित होने की असफलता में,
लेट गया था मैं गंगातट की सीढ़ी पर।
तुच्छ देह यह भेदों की दीवार बने क्यों?
गर्व करेंगे लोग भक्ति की इस पीढ़ी पर।"

मन निर्मल हो उठा ज्ञात घटना होने पर,
मौन सभी उत्तर के पीछे प्रत्युत्तर थे।
गुरु को कसनी पर कसना कैसा कौतुक यह,
प्रश्न-प्रश्न हर ओर, प्रश्न नें ही उत्तर थे।

प्रिय कबीर को गले लगाकर स्वामी जी ने,
अपना पारस-परस किया उस अधिकारी को।
प्रेम-जलद की धाराओं में डूब गया मन,
मिल जाए बहुमूल्य रतन ज्यों संसारी को।

"सुनो पुत्र, मेरे मन में दुर्भाव न था कुछ,
मुसलमान-सुत जान न तुमसे भेद किया है।
करे सदा उत्पन्न साधना में बाधा जो,
उस प्रपंच से बचने का संकल्प लिया है।

लेकिन मैंने देख लिया मन की दृढ़ता को,
तुम जैसा होगा इस जग में संत न कोई।
साधु वेश से नहीं, दृष्टि की निर्मलता से,
हृदय-सिंधु की गहराई का अंत न कोई।

श्वपच-विप्र में एक ब्रह्ममयता की सत्ता,
बाहर-भीतर का जिसमें कुछ भेद नहीं है।
सत्य वचन दर्शित होते हैं व्यवहारों में,
संत वही, जिसमें संशय का छेद नहीं है।"

बरस पड़ी गुरु की करुणा पीयूष-धार बन,
भीग गया बाहर-भीतर तन-मन कबीर का।
असंतोष अंतरित हुआ था जिज्ञासा में,
राग जग गया भावों के रोली-अबीर का।

"क्षमा करें गुरुवर! मुझसे कुछ भूल हुई जो,
चरणों में जीवन अपना अर्पित करता हूँ।
आलोड़ित है मन विभोरता की लहरों में,
उर के संचित भाव सभी तर्पित करता हूँ।

हुआ मनोरथ पूर्ण, धन्य हो गया आज मैं,
निराकार सपना मन का साकार हुआ है।
उद्भासित है क्षितिज प्रेम के अरुणोदय का,
अपनी लघुतम सीमा का विस्तार हुआ है।

उस असीम से मिलने को यह मन आकुल है,
यात्रा पर चलने की मुझको राह दिखा दें।
पोथी पढ़कर भी जग जान न पाया जिसको,
'ढाई आखर' का वह दुर्लभ पाठ सिखा दें।"

चकित हो गए गुरु अचिंत्य वाणी सुनकर वह,
हृदय तरल हो उठा भाव के रसप्लावन में।
हुआ आर्द्रता से पूरित मन का हर कोना,
यथा सरस हो जाती है वसुधा सावन में।

"साधु, साधु, प्रिय वत्स! रत्न तुम हो धरती के,
धन्य हुई माँ जिसने तुमको जन्म दिया है।
ध्यान रहे जग में आने की सार्थकता का,
पूर्ण वही जीवन जो सबके हेतु जिया है।

घर-घर उलटी हवा चली है परिवर्तन की,
टूट रही हैं मन के रिश्तों की कड़ियाँ ये।
छद्म-कपट में बदल गए व्यवहार मनुज के,
बड़ी कठिन हैं अग्नि-परीक्षा की घड़ियाँ ये।

आकुल होता प्रेम हृदय के अँधियारे में,
ऊँच-नीच का निंद्य भेद बैठा है मन में।
कथनी-करनी के अपने संदर्भ अलग हैं,
मन अनार्द्र है जीवन के निर्मेघ गगन में।

जप-माला में ध्यान, किंतु लिप्सा है धन में,
परनिंदा-रस ही विनोद-सुख का साधन है।
भटक रहे हैं लोग सभी मायानगरी में,
बंध मुक्तिमय और मुक्ति लगती बंधन है।

उठो, सत्य का ज्योति-पुंज लेकर हाथों में,
जड़ता का यह अंधकार अब ठहर न पाए।
प्रेम-जलद कर उमड़-घुमड़ बरसे धरती पर,
जग के आतप में फिर से मधुवन छा जाए।

आत्मदीप्ति से अंतः आलोकित होता जब,
कण-कण में चेतनता की आभा हँसती है।
यह समस्त रचना क्रीड़ा-कौतुक है जिसका,
वही एक सत्ता हर प्राणी में बसती है।

सगुण अर्थ में 'राम' शब्द जिसकी संज्ञा है,
ज्ञान-पक्ष में वही स्वयं निर्गुण हो जाता।
शब्द एक है, अर्थ-भेद की व्यंजकता दो,
अर्थ-भ्रांति में किंतु सदा मानव खो जाता।

'राम' शब्द यह नहीं किसी मत का वाचक है,
संप्रदाय से भिन्न स्वयं आशय है इसका।
वैष्णवता का अर्थ निहित है निर्मलता में,
त्याग-तपोमय विश्व-प्रेम उद्‌भव है जिसका।

वैरागीपन की यह उत्कट भावदशा है,
अपने प्रिय में रमने का संकेत जहाँ है।
पाषाणी यह रूप नहीं, चेतना-लहर है,
तत्त्व-विवेचन की गंगा-सी रेत जहाँ है।

यही आत्मचेतनता की उन्मुक्त दशा है,
जहाँ पहुँचकर मन के संशय छँट जाते हैं।
विकसित होता प्रेम हृदय की उर्वरता में,
दु:ख-द्वंद्वों के बंधन सारे कट जाते हैं।

प्रेमतत्त्व यह योग-साधना का वाहक है,
बिना योग जीवन में कुछ संभाव्य नहीं है।
शक्ति न जाग्रत होती जब तक कुंडलिनी की,
तब तक आकुल होता अंत:काव्य नहीं है।

समझ न पाता है कोई इस व्यंजकता को,
कुंडलिनी की जागृति का अशय है गहरा।
मनोलोक की चेतनता के बंद पटल पर,
निष्क्रियता में मौन हुआ जीवन का पहरा।

जीवन-साधन के भी बाधक संदर्भों में,
मानव का मन भी यह सोई कुंडलिनी है।
चक्रों का भेदन है मन की ग्रंथि सुलझना,
सिद्ध वही है जिसकी जीवन-दृष्टि घनी है।"

पद्मासन पर बैठाकर गुरु ने कबीर को,
त्रिकुटी पर फिर दिव्य ज्योति का ध्यान कराया।
ब्रह्म-विवर में प्राणवायु का संचालन कर,
प्राणायाम-क्रिया का सारा भेद बताया।

यम-नियमादिक में प्रवृत्त रहकर कबीर ने,
किया गहन अभ्यास सतत उस योग-क्रिया का।
माया में रहकर भी मायातीत हुआ मन,
भूल गए लेखा अपने हर लिया-दिया का।

उठती थीं चेतनता की लहरें अंतस् से,
प्राणवायु घूर्णित होती थी आवर्तों में।
साँस रुद्ध होती थी लगते बंध त्रिविध जब,
प्रशमित होती चित्तवृत्ति मन की पर्तों में।

मन प्लावित हो गया प्रेम की रसधारा में,
ध्यान-धारणा में ऐसी वह तन्मयता थी।
बिद्ध हुईं इंद्रियाँ शब्दभेदी बाणों से,
अनहत के स्वर में समाधि की उन्मनता थी।

परिचय हुआ खंड का उस अपने पूरे से,
मुक्त हृदय में प्राणिमात्र के हित करुणा थी।
मधु की रसधारा झरती थी गगन-गुफा से,
मन की निश्छलता से रहती दूर घृणा थी।

फेंक स्वयं कंठी-माला को निज ग्रीवा से,
फेर रहे थे साँसों से मन के मनके को।
जीवन का हर कोलाहल नीरव हो जाता,
मानव-मन से प्रीति-लगन लग जाए जिसको।

फूट पड़ी कवि की वाणी ज्यों आदि छंद हो,
जीवन का गायन वह, लेकिन गीत नहीं था।
गुंजित था स्वर ताल और लय की झंकृति में,
लेकिन उसमें दुनिया का संगीत नहीं था।

कविता में कामिनी नहीं, रस था जीवन का,
आस्वादित है प्रेम जहाँ सौंदर्य-बोध में।
व्यंजकता ही नहीं कसौटी है कविता की,
लक्षित होता कथ्य मनुज के आत्मशोध में।

सदा प्रेम का दीप जले सबके अंतर् में,
भक्ति-साधना का मंगलमय ध्येय यही था।
गुंजित हो नित मैत्री का स्वर-नाद सभी में,
मानव के हित मन का केवल प्रेय यही था।

लिपियों की निर्मिति से हो निर्लिप्त स्वयं जब,
समता का अध्याय नया मानव लिखता है।
धार उमड़ पड़ती हैं अगणित गंगाओं की,
जीवन का हर पथिक भगीरथ-सा दिखता है।

•

परिणय

लोक-निंदा, सुख-दुःख से दूर,
लोक-रंजक थे सदा कबीर।
कुमति से था मन का विलगाव,
सुमति-साधन में मति के धीर।

नहीं डगमग होता था धैर्य,
भले थी गतिरोधों की राह।
प्रबल संकल्पों का आवेग,
हृदय में भरता था उत्साह।

उठे बढ़ने को ज्यों ही पाँव,
मिले अनुबंधों के सोपान।
खुला अनुभव का नूतन द्वार,
लिए जीवन-परिणय का गान।

मनुज का हो उन्नत जब ध्येय,
सुगम बन जाते सभी उपाय।
समय के परिवर्तन के बीच,
लिखे जाते युग के अध्याय।

कभी लेकर भावों के बिंब,
उभरता है रचना का बोध।
बिना समझे दृश्यों का मर्म,
नहीं होता है मन का शोध।

लिए प्लावन का हलचल-वेग,
कभी उठता रंगों का ज्वार।
डूब जाता लहरों के बीच,
चेतना का गतिमय संसार।

कभी झरता रस का माधुर्य,
कभी चुभता है बेसुर गान।
उलझ जाते जीवन के सूत्र,
जटिल अनुबंधों का आख्यान।

युद्ध का है ऐसा यह व्यूह,
भयाकुल हो जाते हैं प्राण।
मनुज हो जाता है निरुपाय,
नहीं दिखता है कोई त्राण।

कभी तो प्रकट कभी अव्यक्त,
सदा आशय है जिसका गूढ़।
निरुत्तरता में निज को देख,
मनुज हो जाता स्वयं विमूढ़।

प्रेम की होती जब अनुभूति,
ग्रहण होता ऋजुता में पाठ।
उदित होता है सात्विक भाव,
हृदय की खुल जाती है गाँठ।

बंध में भी निर्बंध कबीर,
बढ़ाया दृढ़ता का निज हाथ।
हुईं माँ की इच्छाएँ पूर्ण,
मिला लोई का जीवन-साथ।

कठिन है कर्तव्यों की राह,
जटिल है संबंधों का व्यूह।
कभी हो जाते हैं दुर्जेय,
विषम जीवन-पथ के प्रत्यूह।

भावना की राहों के बीच,
खड़ा हो जाता जब कर्तव्य।
पथिक हो जाता कर्म-विमूढ़,
उलझ जाता पथ का गंतव्य।

हुआ गुंजित चेतन का मौन,
परे निजता से था संबंध।
रहे जीवन का पट निर्माल्य,
हुआ स्वीकृत ऐसा अनुबंध।

सदा अपने जैसे थी काम्य,
लोक-जीवन की हर अनुभूति।
दुःखों के गहरे तम के बीच,
हृदय में होती प्रकट विभूति।

बिना संशय, भ्रम या संदेह,
अग्रगत था पथ का प्रस्थान।
पगों में था गतिमय उत्साह,
लिए यात्रा का लक्षित ज्ञान।

प्रबल था आत्मा का संवेग,
खोजते छवि-लाली अपरूप।
ग्रथित जग के बंधन को तोड़,
देखते सबमें आत्मस्वरूप।

हृदय की ऊष्मा से चैतन्य,
प्रेम में था जीवन का ताप।
बँधाते थे प्राणों को धैर्य,
मिलन के संवेदी पदचाप।

प्रीति का पाकर नव उन्मेष,
फूटता था हर ओर प्रकाश।
घुमड़ते जलदों की छवि देख,
झूमते थे धरती-आकाश।

मौन भाषा का वह संवाद,
मुखर करता लिपियों का ज्ञान।
बिना दर्पण का समझे मोल,
न होती बिंबों की पहचान।

यही नीरवता का वह छंद,
जहाँ बहता मन का संगीत।
भले बाहर कितना हो शोर,
नहीं वह कर सकता भयभीत।

अगम है मन का सिंधु अथाह,
नहीं दर्शित है उसका छोर।
जहाँ गहरे मंथन के बीच,
सदा उठती उन्मुक्त हिलोर।

अभी तक नाप सका है कौन,
कल्पना का योजन-विस्तार।
यही है निर्मितियों की भूमि,
जहाँ खुलते जीवन के द्वार।

सिंधु की गहराई में न्यस्त,
भरे विष और अमृत के पात्र।
मूल्य दोनों के एक समान,
समझता है जो मानव मात्र!

उसी का है अनुभव गतिशील,
स्वयं करता है जो विषपान।
गरल के पीकर कटुतम घूँट,
सुधा की हो पाती पहचान।

तिक्तता का जाने बिन स्वाद,
मधुरता की कैसी अनुभूति!
तृषाकुल कंठों के ही बीच,
तृप्ति की होती सदा प्रतीति।

समय के संघर्षों की राह,
सहज करता है जो स्वीकार।
यही है कर्तव्यों का मूल्य,
जहाँ मिलता सुख का अधिकार।

अचल रहते हैं पर्वत धीर,
प्रबल कितने ही हों तूफ़ान।
भँवर में नौकाओं के बीच,
कुशल नाविक की है पहचान।

यही जग की धारा का सत्य,
लहर की परिभाषा चरितार्थ।
रहे दुःख में भी उन्नत ध्येय,
यही जीवन का है निहितार्थ।

नाव चलने को थी तैयार,
कठिन लहरों का गति-संवेग।
रोकती थी मन की पतवार,
उमड़ती धाराओं का वेग।

बढ़े चलने आगे की ओर,
राह का है अपना गंतव्य।
गहन जीवन-अनुभव के हेतु,
बुलाता हो जैसे कर्तव्य।

खड़ी लोई थी सम्मुख द्वार,
प्रणय का दीपक ले निज हाथ।
प्रखर होता रवि का आलोक,
उषा का मिल जाए जब साथ।

स्वयं देता जो सतत प्रकाश,
दहन का भी बनता वह हेतु।
चपल जीवन-धारा के बीच,
जुड़ा मन के घाटों का सेतु।

लिए किरणों का द्युति-आवेग,
मुखर होती है आभा एक।
कहीं बनती वह पथ की दीप्ति,
कहीं शलभों का मति-व्यतिरेक।

लिए जगमग-सा मंजु वितान,
सदा लगता वह जग को प्रेय।
दृगों में अकुलाती है ज्योति,
अलक्षित होता है जब ध्येय।

वही दर्शित होता है दृश्य,
जहाँ जिसकी जैसी है दृष्टि।
प्रकट वैसा रचना-संसार,
रचयिता की जैसी हो सृष्टि।

व्यसन का हो जब उन्मद वेग,
चित्त हो जाता है विद्रूप।
रसांतर अनुभावों के बीच,
प्रेम का होता विकृत स्वरूप।

झुलस जाते हैं कोमल भाव,
नहीं फिर मिल पाती है शांति।
मलिन हो जाती मन की ज्योति,
घटा-सी घिर जाती है भ्रांति।

तरल आँसू में जाते डूब,
विसर्जित आशाओं के दूह।
सदा ही लगते हैं दुर्भेद्य,
स्वयं की निर्मितियों के व्यूह।

व्यर्थता का अति गर्जन-शोर,
नहीं जो कर पाता है पार।
विलुंठित हो जाता है धैर्य,
लिए मन का दुर्वह अधिभार।

मचलती इच्छाओं को देख,
मनुज हो जाता है अति व्यग्र।
बिना पाए पथ का विश्राम,
न थमता मन का वेग उदग्र।

क्षणिक भोगों के प्रति व्यामोह,
　　लिए है जीवन का आधार।
उठाए स्वीकृतियों में हाथ,
　　उमड़ता सुख का पारावार।

वृथा तन का यह दाहक प्रेय,
　　नहीं देता मन को परितोष।
कामना के गर्जन के बीच,
　　प्रणय का होता है उद्घोष।

त्याग में है मधुमय आस्वाद,
　　रगों में भरता जो चैतन्य।
यही है प्रेम-प्रभव की भूमि,
　　जहाँ पर सुख का स्रोत अनन्य।

बिना समझे राहों का मर्म,
　　नहीं खुलता आगे का द्वार।
प्रकट होता जीवन का ध्येय,
　　समय की बाधाओं के पार।

जहाँ चलने का हो विश्वास,
　　नहीं रह पाता है पथ बंद।
सभी झंकृत हो उठते राग,
　　स्वयं जीवन बन जाता छंद।

नहीं मन को कर पाती तृप्त,
　　कल्पना की रसमयता बाह्य।
स्वयं होता है जो स्वीकार्य,
　　वही लगता है कभी अग्राह्य।

भ्रांतियों का उठता-सा धूम्र,
न बन पाता है शीतल छाँह।
लहर का बनकर कौतुक-दृश्य,
दहकती है मरुथल की राह।

बिना पाए सच की अनुभूति,
विपर्यय का केवल आभास।
नहीं उठती अंतः की गूँज,
विरस हो जाता मधुमय हास।

कठिन जीवन-द्वंद्वों के बीच,
खोजते थे वे आत्मस्वरूप।
फूटती थी रंध्रों से तान,
लिए रस का माधुर्य अनूप।

देह के आवरणों को भेद,
प्रकट होता था मन का कोष।
पंक-जल में नव कमल-समान,
स्वयं रहते थे सदा अदोष।

दृष्टि में अवधारित था लक्ष्य,
सत्यव्रत में मन का अवधान।
तोड़ते सीमाओं के बंध,
मुक्त विहगों-सी ले पहचान।

गहन वन, गिरि-शिखरों के पार,
सृजन-पथ पर बढ़ते अविराम।
प्रलय में भी जलदों-सी तान,
लहर में जीवन का छविधाम।

हवाओं का गर्जन उद्दाम,
प्लवन का था उन्मादित वेग।
वयस की गणनाओं में तीस,
घुमड़ता था मन का आवेग।

थपेड़ों का निर्दय आघात,
समय की धाराएँ प्रतिकूल।
विपथ अपने ही सुत को देख,
सदा उर में गड़ता था शूल।

बिखरते उच्छ्वासों को छोड़,
विलग अपना ही था वह गात।
हृदय की नीरवता कर भंग,
हुआ कोई ज्यों उल्कापात।

स्वयं के ही बाणों से विद्ध,
विकल करुणा करती चीत्कार।
कठिन भेदन था जिसका व्यूह,
हुआ ऐसा दुर्दम्य प्रहार।

जटिलता थी ऐसी दुर्बोध,
घिरा तम से युग का परिवृत्त।
भ्रमित पथ से था पुत्र कमाल,
अनस्थिर था दोलन में चित्त।

हृदय में उठता था विक्षोभ,
देखकर सुत का स्वेच्छाचार।
असाधित था ऐसा वह रोग,
नहीं जिसका था कुछ उपचार।

छोड़कर विषयांतर अनुरक्ति,
प्रबल था भौतिकता का प्रेय।
अर्थ का करता हुआ अनर्थ,
विरूपित था जीवन का ध्येय।

कर्म ऐसे थे नहीं वरेण्य,
वंश का करते हैं जो नाम।
कलंकित कर देती जो गेह,
विमुखता थी मन की उद्दाम।

जिसे जग कहता सदा अनित्य,
बना था वह जीवन का ध्येय।
मौन था आत्मा का संगीत,
देह की सत्ता बनी अजेय।

वंशधरता का व्रत था भंग,
छिन्न थे उर के कोमल तार।
धरा को कर देता अभिशप्त,
कपूती का ऐसा संसार।

दिखाता शुभ कर्मों की राह,
पिता-माता से प्राप्त विमर्श।
हितैषी गुरुओं का अवबोध,
सिखाता जीवन का आदर्श।

तिमिर के सन्नाटे को भेद,
पहुँचती किरणों की जब दृष्टि।
फूटता परिवर्तन का स्रोत,
नए पथ की हो जाती सृष्टि।

ज्वलित थी अंतर् की अनुभूति,
देखकर सुत की मति दिग्भ्रांत।
हुआ सहसा ज्यों तिमिराच्छन्न,
हृदय के नभ का नीरव प्रांत।

क्षितिज के अरुणोदय से पूर्व,
हुई मन की चेतनता अस्त।
नहीं वह था एकाकी भ्रंश,
वही युग का परिवेश समस्त।

रुद्ध आकुल किरणों के बीच,
प्रतीक्षित था विहगों का गान।
अवस्थित था दृढ़ता में व्योम,
नहीं होगा रवि का अवसान।

कमाली थी घर का सौभाग्य,
कहाँ ऐसा वह पुत्र कमाल!
शील की देवी रूप अनन्य,
दिव्यता से मंडित था भाल।

चिरंतन था मन का सौंदर्य,
मोद से आपूरित था नेह।
मिले ऐसा जिसको उपहार,
धन्य हो जाता है वह गेह।

समय की धारा के विपरीत,
बढ़े पग अपवादों की ओर।
लिए मन का गतिमय आवेग,
उठी निर्भय उन्मुक्त हिलोर।

दिशाओं में भरता हुंकार,
　　रथी के रथ का घर्घर-नाद।
हवाएँ करतीं गर्जन-घोष,
　　लिए निर्मितियों का उन्माद।

नहीं होगा प्रतिहत संकल्प,
　　भले ही हो कितना अवरोध।
सफल होता उतना स्वीकार,
　　मिले जितना ही अधिक विरोध।

छँटेगी तम की काली रात,
　　उषा का है ऐसा विश्वास।
उपेक्षित-असहायों के बीच,
　　समर्पित हो मेरी हर साँस।

अतल की गहराई को भेद,
　　उठा नव चेतनता का राग।
ग्रहण का बढ़ जाता है मूल्य,
　　जहाँ होता जितना ही त्याग।

स्वयं जैसा होता है बीज,
　　विटप पाता वैसा विस्तार।
पत्र-पुष्पों से शोभित गात,
　　प्रकृति का करता है श्रृंगार।

●

आवेग

कितनी यह अद्भुत रहस्यमय दिखती लीलामयी प्रकृति,
गूँज रही है अनहत स्वर में जिसके तारों की झंकृति।
व्यक्त विविध रूपों में होती फिर भी है अव्यक्त सदा,
चक्रिल आवर्तों-सी जग में घूम रही जिसकी अनुकृति।

किसकी आभा से भासित होते नभ के अगणित तारे,
'करता कौन ग्रहों को गतिमय'- सोच सभी थककर हारे।
सूर्य और शशि की किरणों में है कैसी यह ज्योति-प्रभा,
किन निगूढ़ संवादों में डूबे हैं जड़-चेतन सारे!

कौन मदिर मकरंद पुष्प-कलियों के प्राणों में भरता,
कलरव करने हेतु कौन विहगों को है प्रेरित करता!
किसकी इंगिति से होता है प्रवहमान पवमान सदा,
कौन अनागत की आहट बन धीरे-धीरे पग धरता!

बीज एक उगकर विशालतम तरुवर कैसे बन जाता,
पाकर जल की राशि कहाँ से सागर भू पर लहराता!
कौन जन्म का हेतु और बनता प्राणों का संवाहक,
जग में चालित महायंत्र का भेद न कोई है पाता।

विस्मित पलकों में कबीर के कौतूहल का अंत नहीं,
है सुदूर यात्रा यह कैसी दिखता दूर दिगंत नहीं।
भय देते अंगार कभी हैं, कभी सुमन नभ बरसाता,
आतप से रिमझिम पावस की, पतझड़ बिना वसंत नहीं।

उगता है जब सूर्य रात भी पीछे-पीछे है चलती,
तिमिर-व्यूह को भेद अभय होकर है दीपशिखा जलती।
होता है जब भोर भंग हो जाते निद्रा के सपने,
उषाकाल की अरुणाभा में जीवन की शोभा ढलती।

उर के तारों से उठती है सपनों की झंकार बड़ी,
कर्म-यवनिका उठती-गिरती है जीवन के द्वार खड़ी।
लोग जहाँ बुनते हैं अपनी उलझन के ताने-बाने,
लगती है कैसी विचित्र यह अनुभव की अज्ञात घड़ी!

मिलती जो प्रिय वस्तु स्वयं हाथों से है वह छिन जाती,
उसको पाने की चिंता में नींद नहीं फिर है आती।
सपनों की दाहक ज्वाला में तिल-तिलकर जलता जीवन,
चिंता, भय, उन्माद, प्रणय की छलना मन को भटकाती।

मन के अंदर सपनों का चलता गतिमय आवेग सदा,
तृष्णाओं की लहरों का उन्मुक्त उमड़ता वेग सदा।
बनती हैं संबंध मनुज की सीमाएँ अपनेपन में,
सपनों का सौंदर्य-प्रभव देता मन को उद्वेग सदा।

जागृति हो या सुप्ति सदा सपनों की मँड़राती छाया,
अकुलाती रागिनी हृदय की, दुःख का सागर गहराया।
मधु के लोभी मत्त भ्रमर सुमनाकर्षण में बँध जाते,
चपल तरंगों जैसी है यह मनोवृत्तियों की माया।

देहभाव उत्थित होता जब उठता तामस का मंथन,
अकुलाती चेतना जहाँ, होती तम की अज्ञात घुटन।
क्षणिक मोद के लिए ध्यान इंद्रिय-पथ में है बह जाता,
इस निदाघ की दोपहरी में व्याकुल होता है तन-मन।

भोग मात्र मन की तृष्णा है, जग के कर्मों का बंधन,
अकुलाते हैं प्राण और बढ़ जाती है उर की धड़कन।
सघन द्रुमों की छाया में भी शांति नहीं है मिल पाती,
शीतलता पाने के भ्रम में बढ़ जाती है और तपन।

लपटों के ही बीच मनुज का यौवन सारा दह जाता,
सपनों के वैभव का कुछ भी शेष नहीं है रह जाता।
रसना की रसमय क्रीड़ा यह फिर भी बंद नहीं होती,
रीते पुलिनों से सागर जीवन की गाथा कह जाता।

तृप्ति नहीं मिलती अधरों को, है कैसी यह प्रेम-लहर,
सुख की शीतल छाया में भी घिर जाता है अग्नि-कहर।
यह कैसी वंचना प्रेम की, मन का है यह भय कैसा,
धूप-छाँव के विषम द्वंद्व का यह कैसा अज्ञात प्रहर!

छाया का उन्माद सोख लेता सारे जीवन का रस,
किंतु प्रखर रवि की दाहकता कर देती है दीप्त दिवस।
छाया का सौंदर्य क्षणिक सपनों का केवल आराधन,
मेल कराती है सुख-दुःख का दोपहरी की धूप विरस।

जगता है जब प्रेम भोग-साधन सब पीछे रह जाता,
मन उन्मनता की रसमय धाराओं में है बह जाता।
उसी स्रोत को पाकर जीवन में आनंद-सुधा झरती,
मन के कल्पित अहंकार का दुर्ग स्वयं ही ढह जाता।

प्रेम और कर्तव्य बँधे हैं जीवन के दो पाटों में,
फँस जाता कर्तव्य कभी है जग के अवघट घाटों में।
जहाँ प्रेम स्वार्थों की निर्मित सीमाओं में बँध जाता,
चल पाते पग नहीं दूर तक लोक-धर्म की बाटों में।

एक ओर था प्रेम दूसरी ओर लोक का दृढ़ निर्णय,
धूप-छाँव का विषम द्वंद्व मन में भर देता है विस्मय।
देहालिंगन सुगम किंतु कर्तव्य-मार्ग दुर्गम कितना,
कूलों की आकुलता में मिटता न कभी लहरों का भय।

भयकारी, उन्मादमयी जीवन की दुःखमय रति-क्रीड़ा,
सुख की उत्कंठा में कितनी बढ़ जाती मन की पीड़ा!
तृषातप्त हो मर जाती है दिव्य प्रेम की उर्वरता,
शेष फलक पर रह जाती है ग्लानिभरे उर की व्रीड़ा।

त्याग बिना उद्दिष्ट प्रेम के खंडित हो जाते सपने,
निकट-दोष आँखों में हो यदि दूर सभी लगते अपने।
उठता है जब प्रणय-ज्वार कर्तव्य न पीछे रह पाता,
मिल जाते जग के पथ में जीवन के सुखमय पल कितने!

कर्तव्यों में रिश्तों का होता कोई अनुबंध नहीं,
अपने-पर के भेदों की कटुता का कुछ संबंध नहीं।
जीवन में रसधार स्वयं प्रवहित होती बन निर्झरिणी,
प्रेम-अगरु को छोड़ जहाँ पर आती कोई गंध नहीं।

जान सका है कौन आज तक इस अनंत जीवन-गति को,
आर-पार सागर लहराता, देख भ्रांति होती मति को।
'धाराएँ हैं भिन्न किंतु गंतव्य एक होता सबका,'
सत्य-ज्ञान यह रोक सकेगा मानव की जीवन-क्षति को।

देख नदी का वेग खड़े कूलों का धीरज अकुलाता,
जहाँ प्रेम की सीमाओं का बंधन सारा खुल जाता।
व्यष्टि-बंध को तोड़ उमड़ती हैं समष्टि की धाराएँ,
अवचेतन में बंद पड़ा है मानव का जीवन-नाता।

घूम रहे उन्मुक्त जलद नभ की अनंत कक्षाओं में,
सींच रहे भू का अंतस्थल शीतल जल-धाराओं में।
हो जाती मेदिनी आर्द्र, जीवन-पथ सारे खुल जाते,
मन की यदि गंगा मैली जल व्यर्थ बहे गंगाओं में।

प्रेम कर्म की प्रसव-भूमि है, शुभ्र ज्योति यह है मन की,
भरती राग हृदय-रंध्रों में वेणु-तान बन जीवन की।
प्रेम सृजन-आधार विश्व का, प्रेम सत्य पथ का व्रत है,
बन जाता है अघट विभव की राशि यही रीतेपन की।

असिधारा-सा मार्ग कठिन होता कर्तव्यों के व्रत का,
झंझावातों में ही होता धैर्य प्रकट है पर्वत का।
तेज निखरता है सूरज का मेघों के संघर्षण से,
स्वर्ण-परीक्षा का साक्षी कुंदन पावक के अभिमत का।

लोई के उन्मद विचार जीवन-पथ के अवरोध बने,
बाणों के संधान हेतु भौंहों के रहते धनुष तने।
प्राणों में प्रणयानुरक्ति की दहक रही भीषण ज्वाला,
नयनों के नीले अंबर में मादकता के मेघ घने।

पर कबीर में भोगों के प्रति कुछ भी कुत्सित भाव नहीं,
अंतर्मन में तृष्णाओं का था किंचित् ठहराव नहीं।
गहन विकृतियों में भी जिसका चित्त न कभी विकृत होता,
धीर वही जिसमें उन्मदता का होता उद्‌भाव नहीं।

मनोवृत्तियों से प्रेरित जग में हर भाव ग्रहण होता,
चंदन अपनी शीतलता का मौलिक धर्म नहीं खोता।
परसेवा हित वह कुठार के सहता है आघात सभी,
सर्पों की फुंकृति से वह होकर भयभीत नहीं रोता।

लोकधर्म में अपनेपन का रहता है कुछ ध्यान नहीं,
बिना प्रेम की रागिनियों के होता सुख का गान नहीं।
पूरक बनकर प्रेम और कर्तव्य स्वयं जब मिल जाते,
फिर अपनी पीड़ाओं का रहता कुछ भी अनुमान नहीं।

घेर रही है मन-प्राणों को मद की धूमाकुल छाया,
पल-पल परिवर्तित होती है सपनों की झूठी माया।
स्वाति-बूँद के लिए विकल हो टेर रहे प्यासे चातक,
किंतु मेघ ने नहीं शुष्क कंठों में पानी बरसाया।

माया की छाया जल्दी हाथों में पकड़ नहीं आती,
जिसकी मिथ्या भ्रांति सदा मानव के मन को भटकाती।
बाहर-भीतर की दुनिया का ज्ञात न हो पाता अंतर,
सुखालाप के उत्सव में क्रंदन जीवन का बन जाती।

भटक गया है मनुज आज अपने ही जीवन के पथ से,
दूर खड़े हैं रथी स्वयं अपने ही कर्मों के रथ से।
आँखों में है धुंध गहन, लगती है हर अज्ञात दिशा,
कितने मानी धीरव्रती भी विमुख हुए हैं सत्पथ से।

व्यथित हुए कविवर कबीर अपने भावुक अंतर्मन में,
फूट पड़ी विद्रोह-लहर युग-धारा के व्यावर्तन में।
घूम रहीं बाँहें फैलाकर पग-पग भय की छायाएँ,
जाग रहे क्यों मनुज नहीं इस काल-निशा से जीवन में।

नर का कितना मोह प्रबल है इस क्षणभंगुर काया में,
भासित होता सत्य सदा भौतिक सपनों की माया में।
किंतु सत्य का रूप नहीं यह ऊपर दिखता है जैसा,
पल-पल सब कुछ बदल रहा है परिवर्तन की छाया में।

यही भ्रांति का व्याल मूढ़ मानव के मन को डस लेता,
कपट-वेश में आकर उसके प्राणों को है कस लेता।
पड़े हुए हैं लोग यहाँ पर अपने ही बंदीगृह में,
ऐसा बंधन-पाश मनुज को मुक्त नहीं रहने देता।

ओ वंचक! अब बहुत हो चुका है दुनिया को छलने का,
समय आ गया है अब मुझको निज यात्रा पर चलने का।
मन का हो आवेग प्रबल तो मुड़ जाती युग की धारा,
जीवन में सुख-छाँव लिए बिन समय अभी है जलने का।

कर्तव्यों की राह सदा होती जीवन में बहुत कठिन,
पता नहीं कुछ भी चल पाता घिरी यामिनी है या दिन।
चलते हुए पगों में कितने गड़ जाते काँटे गहरे,
काटे नहीं समय कटता है पीड़ा में रातें गिन-गिन।

पथ के सन्नाटे में दिखता केवल पीड़ा का मरुथल,
किरणातप की चकाचौंध में हो जाती है दृष्टि विफल।
बाधाओं से किंतु पाँव जब आगे को हैं बढ़ जाते,
जीवित हो उठते हैं सपने, हो जाता हर कार्य सफल।

पर-पीड़ाओं में जब अपनेपन का है अनुभव होता,
दुःख की उठती हिलकोरों से आकुल अंतर्मन रोता।
जग को शीतल कर देती है संवेदन की एक लहर,
वृक्ष-सदृश बन जाता वह जो बीज स्वयं इसके बोता।

यही प्रेम की एक लहर प्राणों को गतिमय कर देती,
अंग-अंग की पुलक हृदय-रंध्रों में हलचल भर देती।
आँखों में छाया तमिस्र फिर छँटने लगता है सहसा,
क्लांति स्वयं संजीवन बन मन की दुर्बलता हर लेती।

चाह प्रबल यदि हो बढ़ने की आगे का पथ मिल जाता,
बंद क्षितिज के अंचल में भी नव प्रभात है खिल जाता।
किंतु सत्यव्रत पर दृढ़ रहना बहुत कठिन है मानव का,
राह सुकर्मों की चलता जो वीरव्रती वह कहलाता।

लक्ष्य-प्राप्ति के लिए स्वयं अब यत्न मुझे होगा करना,
मानव के मन की जड़ता का त्रास मुझे अब है हरना।
पथ का सहयात्री बनने पर कट जातीं दुःख की रातें,
चिंता नहीं विरोधों की, गतिरोधों से कैसा डरना!

धरती से नभ तक मानव की महिमा का जयगान उठे,
संवेदन-आकुलित हृदय में मैत्री की स्वर-तान उठे।
बजे प्रेम की मधुर बीन जीवन-रव के अनहत स्वर में,
अपने-पर के भेदों से जग के ध्यानी का ध्यान उठे।

बंधनमुक्त दिशाएँ हों सब अनुकूलित पवमान चले,
असफलता की गहन निशा में भी आशा का दीप जले।
पुष्प-लताओं-सी शोभा हो जीवन के वृंदावन में,
कविता के भास्वर भावों-सा मानव का नव रूप ढले।

•

चिंतन

कितना अद्‌भुत यह बना
समय का रंगमंच
परदे के पीछे का रहस्य-गोपन
क्या कोई जान सका?
वर्तुलाकार में घूम रहीं
धुँधले प्रकाश की रेखाएँ
इस अभिनय का
कौतुक-रहस्य
विस्मित कर देता है जग को
समझे जाते संवाद सभी
पात्रों की कूट अदाओं से।

जीवन-यात्रा की उलझन में
हो जाता है अज्ञात कभी
अपना ही पथ
अपना ही मन
अपने को छलने लगता है
चेतना विकल होती
पथ के सन्नाटे में
दिखता न कहीं पर द्वार
निकलने को बाहर
फँस जाता रण के दलदल में
रथ का पहिया
बन जाते कितने चक्रव्यूह!

मानव जग में
जिस भौतिकता को
मान रहा है सुख अपना
सुखमय जीवन का है
वह चरमास्वाद नहीं
वह मेरु-शीर्ष पर
चढ़ने का सोपान प्रथम
चेतना-द्वार के पार
स्वयं मानव जब
आत्मा की यात्रा पर चलता है
उसकी प्रकाम्य भौतिकता
सार्थक और धन्य हो जाती है
लौकिक जीवन
बन जाता है शाश्वत-विराट
धन-वैभव में भी आत्मिकता का
रस अनंत घुल जाता है।

जीवन के ऐसे राही का
संकल्प न जाता व्यर्थ कभी
पर्वत जैसा ऊँचा उठकर
सागर-जैसी ले गहराई
लहरों के घातों में भी
रह निष्कंप-अभय
बन शिलाखंड का द्वीप
अटल-दुर्भेद्य स्वयं
अस्तित्व-बोध के चिंतन में
दृढ़ता जिसकी
संघर्ष-पराक्रम-द्वंद्व
बने जीवन-सहचर
जागा कबीर में
वही विभामय तेज प्रखर!

संकल्प-साधना से
मिलती यह आत्मसिद्धि
अंतर्दह में घुसकर
जो अन्वेषण करते
मोती मिलते बहुमूल्य उन्हें
इस जीवन के गहरे तल में
जाने से घबराते हैं जो
तट पर ही जिनका ध्यान टिका
वे पाते हैं कंकण-सीपी!

जग में रहकर भी
जग के आराधक कबीर
निर्लिप्त सदा थे जीवन से
चेतनता का-
शोभित होता था राजमुकुट
मन के ऊँचे सिंहासन पर
रहता न जहाँ पर भेद
प्रजा से राजा का।
दुनिया के कोलाहल में भी
बहती अविरल...
नीरवता की संवेद्य लहर
जीवन के सागर-मंथन में
अनुभव का नूतन ज्वार लिए!

नभ के परिमंडल-सी व्यापक
जब हो जाती है दृष्टि
स्वयं कितनी ही अनजानी राहें
दिख जाती हैं चलते-चलते
मिल जाते हैं बिछुड़े कितने
अज्ञात अपरिचित भीड़ों में
सबके हैं अपने स्वप्न अलग

सबकी हैं अपनी पीड़ाएँ
सबकी अपनी अनुभूति अलग
अभिव्यक्ति अलग अपनी-अपनी।

बनते-मिटते चलचित्रों में
हर चेहरे की पहचान लिए
यात्रा-पथ के सन्नाटे में
पीड़ा के स्वर का गान लिए
सागर की लहरों-सा बढ़कर
जो नाप सके हर गहराई
है कौन पथिक जग में ऐसा
जिसकी करुणा की थाह नहीं!

यह लोक-रीति या धर्म-नीति
की मर्यादा जो लाँघ सके
युग की विरुद्ध धाराओं में
संतरण-सेतु जो बाँध सके
या नौकाएँ लेकर
जीवन की लहरों से टकराता हो
है कौन पुरुष ऐसा
जिसकी जीवटता का दृष्टांत नहीं
वह थे कबीर...
सामाजिकता की परिधि भेद
निर्भयता के गर्जन प्रचंड
शून्यक के नाभिक महास्फोट!

× × ×

कहते कबीर :
नभ-जल-थल में
नारी का है उद्घोष बड़ा
जीवन में, जीवन की
जीवन तक...

नारी की लीलाभिव्यक्ति
अति सहज
किंतु अतिशय निगूढ़ है
नारी का नारीत्व-बोध
वह नाट्य-रूप
वह वस्तु-शिल्प
हर अभिनय की वह सूत्रधार
जननी, दुहिता, कुलवधू,
प्रियतमा, भगिनी बन
करती संसृति का संचालन
शैशव का मोदक रूप लिए
अपने प्रगल्भ भोलेपन से
घर में बिखेर देती
खुशियों की पंखुड़ियाँ
भगिनी बनकर
भाई का मान बढ़ाती है
कैशोर्य पार करते ही
वह पा जाती ललना का स्वरूप
कहलाती है फिर वंशवधू
फिर जननी बन
ढोती है सारा सृष्टिभार!

कहता नर जिसको देह-यष्टि
उसकी उन्मादक छाया से
अंधा हो जाता है भुजंग
रति की मति में
नर के नरत्व की संज्ञा जो
करती है संज्ञाहीन वही
जब भूल स्वयं जाता है वह
निज दिशा-ज्ञान
धरती है प्रमदा-रूप
स्वयं नारी सुजान।

नारी है निश्छल...
ममता का आदर्श रूप
माया भी वह
माया के बंधन से
विमुक्ति का साधन भी
अज्ञान-तिमिर में
ज्ञानमयी वह दीपशिखा
लेकिन शलभों का
दाहकमय आकर्षण भी
वह त्याग-समर्पण की है
पावन मूर्ति स्वयं
वह प्रेम और करुणा की
उज्ज्वल गाथा भी
वह जीवन की है कलासृष्टि
शिशु की अबोध-क्रीड़ाओं
की वह रंगभूमि
वह अलंकार, रस,
छंदों की सौंदर्य-विभा
नर को करती वह प्रेम-दान
जो मानव को उस महाप्रेम की
सीमा तक पहुँचाता है
या बन जाता है भोग मात्र
पथ यही एक ऊपर जाता
नीचे को भी...
जैसी मति होती, गति वैसी
नारी है निकष साधना का!

नारी कोमलता का प्रतीक
नारी कविता का है

सुंदरतम रूप स्वयं
वह प्रेम-प्रवणता की
मार्मिक अभिव्यक्ति सहज
कल्पना-कुंज की
वह कोमलतम लतिका है
मन के दर्पण की
वह झिलमिल रूपाभ-किरण
प्रेमानुभूति का बिंब
जहाँ से बनता है
जब वही प्रेम
सौंदर्य-विभव के विघटन में
नर के भीतर
वासना-तपन की
आकुल तड़प जगाता है
उसका उन्मद रूपाकर्षण
साधना-मार्ग की दृढ़ता में
स्वीकार्य नहीं
हो जाता है जब प्रेम
स्वयं ही पतनोन्मुख
घिर जाते जलद वासना के
जीवन-नभ में
नारी बन जाती है
निंदा का पात्र वहीं।

जिसके परिरंभण
और वासना-दलदल को
कहते निषिद्ध ज्ञानीजन हैं
चातक के भ्रम-सा धूम्र-पुंज को
मेघ समझना भूल बड़ी
साधना-मार्ग से

भटक न जाए भक्त कहीं
जब प्रेम-विवशता की
उन्मद लहरों में
अकुलाता साधक
आत्मा में प्रिय अनुभूति
घुमड़ती जलदों-सी
जो नारी की संज्ञा बनकर
प्रेमीजन को
प्रेमाभिभूत कर देती है
पर भक्ति-साधना में
सामने खड़ी नारी
कामना जगाती है
जब पुरुषों के भीतर
उनका विद्रोही लक्ष्य
वही बन जाती है।

नारी की संवेदना
पुरुष से भी गहरी है
मन की गहराई
जैसे सागर अथाह
जीवन की ऊँचाई
जैसे हिमगिरि विशाल
उर की निर्मलता
गंगा की पावन धारा है
मानव अपने दुष्कृत्यों से
उस निर्मलता का
आशय कर देता दूषित।

जब हो जाती है
जन-मन की गंगा मैली

जग में भावों की पावनता की
धार नहीं फिर बह पाती
नर समझ नहीं पाता
उसका अवदान
बना अनजान
प्रश्न गहरा है यह
जो स्वयं महापुरुषों
ज्ञानी नर की प्रसवा
जिसकी प्रसूति इतनी महान
वह वीरप्रसू नारी
क्यों इतनी दीन हुई
क्यों हीन हुई
उत्तर क्या है?
जीवन-पथ का संधान
सतत अवधान...

साधक कबीर को
था अभीष्ट नारी का
सात्विक रूप सदा
मन के सागर में
अमृत और विष दोनों हैं
जिसका जैसा मंथन होता
मिलती है वैसी लब्धि उसे।

कहते कबीर हैं शिष्यों से
नर हो केवल सृष्टिधर नहीं
अपने समर्थ कंधों पर
अवधारित करना है
दायित्वों का कठिन भार
बनकर संसृति का प्रस्तोता

पढ़ना है जीवन-बीजमंत्र
बन त्याग-तपस्या का सेवी
पथ के दारुण आघातों से
बिन हुए विकल
चलना है सतत...समान
कँटीली राह सदा
अँधियारों में जलना होगा
दीपक बनकर...
हर विश्व-वेदना को
अपनी पीड़ाओं में
अनुभव करके
जग की उदास हर संध्या को
देने के हित नूतन प्रकाश
जीवन-विकास...!

यह मनुज-देह
आत्मा का पावन महातीर्थ
हाँकता स्वयं मन है
जिसके घर्घर रथ को
सारथि बनकर
दुर्जेय बने जीवन-रण में
निज प्रेम-साधना के द्वारा
निर्बंध रूप पा लेती जो
या बंदी बनकर रह जाती।

संतों की संगति
देती है अनुभूति गहन
जैसे वट की घन-मसृण छाँव
पंथी की स्वेदित
काया का श्रम दूर करे

रुक जाना ही विश्राम नहीं
जीवन-पथ पर
चलना है आगे और
दूर तक मरुथल में
है छिपी जहाँ पर
जीवन की शीतल धारा।

मिलता जीवन के पथ पर
जो सौंदर्य सुखद
वह नहीं सत्य की माप
परीक्षा का क्षण वह
घूमती समय की सुई जहाँ
अपनी गति में
टिक्-टिक् करती
कहती जाती :
रुककर संवाद करो
अपने अंतस्स्वर में
मन के भीतर
सुंदरता का संसार
जहाँ पर बसता है
सौंदर्य-बोध जो
दृश्यों में लक्षित होता
ठहराव नहीं
जीवन-पथ की वह इंगिति है!

निर्मलता के साक्षी कबीर
सहजानुभूति में प्रवहमान
मन दिव्य लोक में
बहता-सा
कविता हो जैसे मूर्तिमान
रसमयता का आस्वाद जहाँ
सौंदर्य-बोध, गहनानुभूति,

करुणानुगम्य भावातिरेक
सबके दु:ख में
था दु:खोद्रेक
सबके सुख में
था सुखानुभव
संतों की संगति में रहकर
पढ़ते थे पाठ मनुजता का।

मानव का जीवन-धर्म यही :
नदियों के जैसे तरल बनो
सूरज के जैसे सरल बनो
सागर जैसी हो गहराई
पर्वत जैसी हो ऊँचाई
सुमनों जैसा मन हो कोमल
निर्झर जैसी गतिमान रहे
मानव के उर में निर्मलता।

कविवर कबीर की राह अलग
हर चाह अलग थी दुनिया से
बढ़ चले सत्य का केतु लिए
जीवन की दुर्धर राहों पर
वाणी का था उद्घोष प्रबल
ज्यों क्रांति-नाद का तूर्य लिए
तम के पथ पर जलती मशाल
हो साधु या कि कोई असाधु
समता की धूनी
एक सदा ही रमती थी
परिचय है यही प्रेम-पथ का
हर पथिक जहाँ
अंतिम सीमा पा जाता है।

•

विमर्श

साधो, यह कैसा रहस्य जग की विराट रचना का?
यह असीम ब्रह्मांड दृगों को विस्मित कर देता है।
घूम रहा है निखिल यंत्र नभ-थल के परिमंडल में,
आते हैं युग-कल्प और जाते बारी-बारी से।

कहीं अस्त का मौन प्रहर तो कहीं उदय का क्षण है,
गतिमय है मानव अपने जीवन की बाह्य परिधि में।
लौट नहीं पाता वह निज आत्मा की केंद्रिकता में।
सत्य-ज्ञान माया के किस गह्वर में छिपा हुआ है?

छा जाता जब अंधकार नभ के विस्तीर्ण पटल पर,
उदयाचल से प्रस्फुट होती आभा अरुण उषा की।
सूरज की किरणें भू में आलोक जगा देती हैं।
गुंजित होता है नभ में फिर मधुर गान विहगों का,
रम जाते हैं लोग सभी बाहर के कोलाहल में।

कितनी होड़ लगी है सबमें यश-वैभव पाने की,
आकांक्षाओं का वितान अंबर तक तना हुआ है।
शांति न मिलती मन को सुख की छाया की छलना में,
दु:ख की दाहकता प्राणों को आकुल कर देती है।
घिर जाती है घटा क्षणिक बिजली की कौंध जगाकर,
लगता है भ्रम की ज्यों कोई इंगिति डोल रही हो।
फिर भी ठहरा पथिक यहाँ सपनों के रंगमहल में,
यात्रा के पथ पर कदमों को रोप नहीं पाता है।

भान नहीं होता उसको निज होने या चलने का,
जाने किधर अश्व जीवन के रथ को खींच रहे हैं?
पथ पर रुकता सूर्य नहीं मेघों के अवरोधों से,
रहता है गतिमान सदा निज संकल्पित राहों पर।
करता है विश्राम नहीं वह चलना ही जीवन है।

है असीम भंडार मनुज भी अपनी क्षमताओं का,
पर उसको अपने पौरुष का बोध कहाँ रहता है?
सागर ज्यों अनजान सदा अपनी अदम्य सत्ता से,
आगे बढ़ता है पुलिनों तक क्षणिक वेग आने पर,
किंतु पुनः धाराओं में वह पीछे मुड़ जाता है।
कितने रत्न छिपे हैं उसके गहरे अंतर्दह में,
पर उनके होने का वह अनुमान न कर पाता है।
जीवन का भी सत्य-ज्ञान गोपित है आवरणों में,
जिसके लक्षित भेदों का अवभेदन बड़ा कठिन है।

प्रश्नों के पट खुल जाते हैं संतों की वाणी से,
पाकर ज्ञानालोक हृदय में प्रेम-ज्योति जगती है।
खुल जाता है ऊर्ध्व द्वार आत्मा में चेतनता का,
बिना प्रेम के कौन लक्ष्य-शिखरों पर चढ़ पाया है?
प्रेम दृष्टि है आत्मा की, मन की यह दीपशिखा है,
इसी दीप्ति की वलय-ज्योति बनना व्रत है जीवन का;
जिसे देख अंतःप्रज्ञा का अवगुंठन खुलता है।
किंतु कठिन दुर्गम्य देश यह पथ की बाधाओं से,
कोकिल की तानों से मन में हलचल मच जाती है।
बँध जाता है विश्व सकल मधुवन की मादकता में,
कनक-कामिनी की माया का लंघन बड़ा कठिन है।
देकर प्रेम-भुलावा सबको भटकाती है पथ से,
विश्व-मोहिनी रूप लिए नित घर-घर घूम रही है।

माया की विषबेलि अमर फैली है मर्त्य भुवन में,
क्लेश और दुःख की जिस पर शाखाएँ लहराती हैं।
काँटों के अतिरिक्त जहाँ पर आस न दिखती फल की,
छाँव नहीं, जिसमें केवल पावक की दाहकता है।
ज्वलित हो रहा है जीवन विषयों की आहुतियाँ बन,
जल जाते हैं कीट यथा दीपक के सम्मोहन में।
बंद नहीं होती है क्यों यह क्रीड़ा आत्मदहन की,
विफल हुई है दृष्टि सत्य पर परदा पड़ा हुआ है।

सत्य-असत् से परे विलक्षण त्रिगुण रूप माया यह,
मोटे और कभी झीने आवरणों में रहती है।
त्याग प्रथम का सरल दूसरी का अतिशय दुष्कर है;
बाह्य पदार्थों से विमुक्ति यद्यपि संभव है जग में,
किंतु विकारों के शोधन की करनी बहुत कठिन है।
पार न पाता मनुज क्लिष्ट जप-तप से, आराधन से,
कभी सुप्त रहकर फिर से यह जाग्रत हो जाती है।
कौन भला पहचान सका है छद्म रूप माया का,
ठगिनी बनकर घूम रही यह निर्भय बाज़ारों में।
ठग जाते कुछ लोग और कुछ सहचर बन जाते हैं।

कट जाती है उम्र जोड़ने में घर की माया को,
एक-एक तिनके से निर्मित विहगों के नीड़ों-सी।
तृप्ति न मिल पाती फिर भी यह कैसी प्यास मनुज की,
जलता है तन-मन-जीवन अपने ही तप्त अनल में।
प्राणों के मरुथल में अब शीतल बरसात कहाँ है!
संचित है धन-धान्य बहुत कुछ असंतोष है फिर भी,
मन रहता जीवंत सदा तृष्णा भी चिर जीवित है।

यह नश्वर संसार जन्म लेता है, मर जाता है,
पर इसकी क्षणभंगुरता पर ध्यान कहाँ मानव का?

बाहर का सौंदर्य नहीं टिकता है अधिक समय तक,
सेमल के फूलों में जैसे दस दिन की लाली है।
खोज रहा अमरत्व मनुज फिर भी इस नश्वरता में,
स्फीत तरंगों में जीवन के सपने बह जाते हैं।
दीर्घकाय वट के समान है मानव का जीवन यह,
ऊर्ध्व डालियों पर जिसकी मधु की मादक छलना है।
ऊपर से नीचे तक दीर्घ जटाएँ झूल रही हैं।
पकड़े है नित मनुज जिन्हें अपने दोनों हाथों से;
जहाँ मक्षिकाओं के दंशन का आपूरित भय है।
नीचे आने पर भी उसको संकट है प्राणों का;
अंधकूप में जहाँ वृश्चिकों-सर्पों का डेरा है।
(जिह्वा पर ऊपर से मधु की बूँदें टपक रही हैं।)
पड़ा हुआ है मनुज स्वयं दुविधा में, असमंजस में।
कौन दिखाए राह किसे हैं भटके पथिक यहाँ सब,
सभी यहाँ पर लोभ-मोह के नद में पड़े हुए हैं।

हुआ रुदन में जन्म, बीत जाता यौवन भोगों में,
जरा पहुँच जाता चुपके से जीवन की देहली पर।
धवल केश, रूखे कपोल, अंगों की निष्क्रियता में,
शिथिल देह यह बन जाती है गेह अमित रोगों का।
फिर कैसा मिथ्याभिमान इस दैहिक सुंदरता का!
चकमक-सा सौंदर्य रूप का यह केवल चाक्षुष है।
पानी के बुदबुद-समान है क्षण भर का जीवन यह,
घिर जाती यामिनी और फिर घटा फैल जाती है।

जब तक साँसों का आना-जाना तब तक जीवन है,
प्राण निकल जाने पर निष्क्रिय लोष्ठ पड़ा रहता है।
त्रिया रुदन करती तेरह दिन परिजन सब मरघट तक,
अश्रु बहाकर दो बूँदें घर लौट सभी जाते हैं।
महालोक-पथ की यात्रा करता है जीव अकेले,
उस एकाकीपन में कोई साथ नहीं देता है।

वृथा मोह का बंधन यह जिसमें मानव बँधता है,
मन की अंतर्धाराओं में हलचल मच जाती है।
हो जाती चेतना विकल लहरों के संघर्षण में,
आघातों में सपनों के तटबंध टूट जाते हैं।
जीवन के उद्‌देश्य नहीं हैं सुख-साधन ये जग के,
चलने के सोपान मात्र ये साधन हैं जीवन के।
जिनसे होकर हम अपनी यात्रा पूरी करते हैं।

कितने ही युग-कल्प बीत जाते जीवन-यात्रा में,
जीव सदा बंदी बनकर जग में विचरण करता है।
रुद्ध हुए हैं मार्ग सभी तम से बाहर आने के,
जीवन की पीड़ा का कोई अंत नहीं दिखता है।
साधन का यह द्वार पार जाने की है तरणी यह,
जिसे साधकर दु:ख-द्वंद्वों के बंधन कट जाते हैं।
किंतु भ्रांतियों में मानव यह भटक गया निज पथ से,
विषयों के वन में जो नित भूला-भूला फिरता है।
नहीं ख़बर अपनेपन की कुछ और नहीं औरों की,
तत्त्वज्ञान है प्रेम और माया का जग मिथ्या है।

मनुज, देव, गंधर्व नहीं, इंद्रियातीत चेतन वह,
अविनाशी वह राम सभी की साँसों में रमता है।
सौरभ से भी सूक्ष्म किंतु अंबर से भी व्यापक वह,
निराकार होकर भी सब आकारों में रहता है।
वही एक उद्‌गम जीवन का वही एक संगम है,
वही एक है स्रोत जहाँ से गगन-गुफा झरती है।

दसों दिशाओं में व्यापक जिसकी विराट रचना है,
कर्ता एक अनंत क्रियाएँ संचालित करता है।
वहाँ न रवि-शशि का प्रकाश अभिसार नहीं पवनों का,
है अनंत वह तेजराशि अपनी ही दिव्य प्रभा से;
घट-घट में जो दीपशिखा-सा रात-दिवस जलता है।

सर्वनाम जग में अंतर्हित अशरीरी संज्ञा वह,
रात-दिवस रमते योगीजन जिसकी ध्यान-क्रिया में।
बिना छिद्र के ही स्वर गुंजित हैं जिसकी वंशी के,
वह निर्गुण गोपाल स्वयं बसता हर जड़-चेतन में।
रसानंद वह अननुमेय रसना के व्यापारों से,
वह निर्मल रसकोष सदा ही झरता है निर्झर-सा;
उस अभुक्त रस का ज्ञानी नित पान किया करते हैं।

विस्मृत हो जाता है फिर आस्वादन अन्य रसों का;
मिट जाती सारी थकान उस शीतल-मंद पवन से।
हो जाता है मन प्रफुल्ल, मादकता छा जाती है।
जाग्रत होती चेतनता खिल उठते अष्ट कमलदल,
अनहत की झंकार गूँज भरती संपूर्ण गगन में।
मोती चुगते हैं मराल नित सहस्रार-सरवर में,
दिव्य ज्ञान के जहाँ सहस्रों दीपक जल उठते हैं।

हाथ बिना वह संपादित करता अनेक कर्मों को,
बिना पाँव भी भ्रमणशील रहता संपूर्ण भुवन में।
आस्वादन करता है रसना के बिन सकल रसों का,
वाणी के बिन मुखर श्रोत्र बिन करता सदा श्रवण वह;
बिना आँख के ही सारे जग को देखा करता है।

शुद्ध-बुद्ध-चैतन्य रूप आनंदकोश वह जग का,
दूर नहीं, वह निकट यथा कस्तूरी मृग-नाभिक में।
किंतु खोजता मनुज उसे तीर्थों में, देवालय में!
गूँगे के गुड़ के समान है अनभिव्यक्त भाषा वह,
'नेति-नेति' का स्वर ही उस भाषा का उच्चारण है।
(ख़ुद में वही ख़ुदा बैठा है मन ही देवालय है।)
बिना तुला के ही सारे जग को वह तौल रहा है।

सूरज में है तेज वही गतिमयता है पवनों में,
नदियों में उसका प्रवाह वृक्षों में हरियाली है।
फूलों का है सौरभ वह दाहकता है पावक की,
कूक उसी की कोयल में अलि में उसका गुंजन है।
चींटी का पदचाप और मादकता है हाथी में;
वही मयूरों का नर्तन कलरव है वह विहगों का।
नूपुर में रुनझुन उसकी लाली है वह अधरों में,
अंबर की नीलिमा और सागर की जलधारा है।
शब्दों में है अर्थ वही व्यंजकता है भाषा में,
मानव की मानवीवृत्ति जीवन का अनुशासन है।
प्रेमी का वह प्रेम और विरही की विरह-व्यथा वह,
दीनों का वह दैन्य और करुणा है संवेदन में।
योगी का वह ध्यान और भावुकता है भक्तों की,
पावस की नव घटा और कवियों की वह कविता है।

उसी एक चैतन्य तत्त्व का प्रतिबिंबन कण-कण में,
यथा सरोवर के जल में सूरज भासित होता है।
गुणातीत आत्मा अनादि है निष्पंदन प्राणों का,
स्वप्न, जागरण और सुप्ति में भी जिसकी संज्ञा है।
अलख, अगोचर, द्रष्टा वह इंद्रिय के व्यापारों का,
सभी देह में उसी एक चेतन की व्यापकता है।
माया से प्रच्छन्न सदा रहता जो मर्त्य भुवन में।
दुर्निवार मन की गति जिसके बंधन का कारण है।
किंतु वही मन प्रेम-पथिक बन रवि-सा जब उगता है,
खिल जाते हैं अष्ट कमलदल प्राणों के सरवर में।
(जहाँ शांति का परम धाम है, मंदिर है, मस्जिद है,
गंगा-सी परिपूत जहाँ निर्मल धारा बहती है।)
प्रेम स्वयं काशी-काबा है मानव के अंतर् में,
प्रेम बिना यह व्यर्थ जगत जीवन सारा सूना है।
(यह ऐसा उपमेय जहाँ उपमान सभी फीके हैं।)
सब भेदों से परे सदा यह मुक्ति-मार्ग जीवन का।

जल में कुंभ, कुंभ में जल, बाहर-भीतर पानी है,
कुंभ फूट जाने पर फिर जल में जल मिल जाता है।
देह-भ्रंश हो जाने पर यह घटाकाश चेतन भी,
हो जाता है एकीकृत उस महाकाश चेतन से।
बिंब और प्रतिबिंबों में दिखता पार्थक्य तभी तक,
माया से निर्मित जग में जब तक घट की सत्ता है।
आत्मज्ञान से खुल जाता जब परदा सत्य-असत् का,
व्यक्ति-व्यक्ति के बीच द्वैत का अंतर मिट जाता है।
माया का आवरण-व्यूह हट जाता है ऊपर से,
एकीकृत चैतन्य तत्त्व उद्भासित हो उठता है।

सत्य जानकर भी फिर क्यों मानव अनजान बना है?
करता जीवों की हत्या अपने नृशंस हाथों से।
मनुज स्वयं बन गया मनुज के प्राणों का घातक अब,
घृणा-द्वेष की ज्वाला में अंतर्मन दहक रहा है।

माली कर देगा उजाड़ जब अपनी ही बगिया का,
फूलों का सौंदर्य भला फिर कैसे बच पाएगा!
रक्षक बन जाए भक्षक फिर दोष कहो किसका है?
पढ़-लिखकर भी जाने क्यों मति बिगड़ गई मानव की!
सोया है चैतन्य मनुज का जागृति भी छलना है,
करता है वह नष्ट स्वयं अपनी जैसी रचना को।
सृष्टि चलेगी फिर कैसे यदि ध्वंस नहीं रुकता है,
सुप्त हृदय-प्राणों की यह तंद्रा कैसे टूटेगी?

अरे मनुज, कर घृणा त्याग रख दो अब हथियारों को,
बिना प्रेम मानव-जीवन यह कैसे चल पाएगा!
जहाँ शांति-सद्भाव नहीं है वास वहाँ असुरों का,
एक ख़ुदा की संतानें सब फिर कैसा यह भ्रम है?
रचना का प्रतिनिधि होकर भी ध्वंस प्रेय लगता क्यों,
ऐसे कर्म करो जिससे युग-युग तक कीर्ति रहेगी।

जुड़ जाए यदि प्रीति जगत में मानव से मानव की,
अभिशापित धरती यह फिर से स्वर्गिक बन जाएगी।
दिन का भूला रात अगर घर वापस आ जाता है,
कविता-सा होता प्रवाह उसके अंतर्भावों का।
(वाल्मीकि भी कवि बन जाते देख क्रौंच पक्षी को।)
मन हो जाता सरल-तरल अंतर्तम की ऊष्मा में,
हिम का हृदय पिघलता है तो पानी बन जाता है।
पानी का मन जलता है तो बादल बन जाता है।
उर में संवेदना और आँखों में जब करुणा हो,
मन के दूषित भाव सभी प्रक्षालित हो जाते हैं।
भावुकता की निर्झरिणी बहने लगती प्राणों में,
आत्मा हो जाती प्रफुल्ल है उस निर्मल धारा से।
जाग्रत होता प्रेम, ज्ञान का सागर लहराता है।

•

कौतुक

अभिनंदित थे कविवर कबीर जन-जन में,
श्रद्धापूरित थे भाव सभी के मन में।
मानवी धर्म अवतार स्वयं पाया था,
दुर्बल जन की पीड़ा हरने आया था।

वे आत्मध्यान में मग्न सदा रहते थे,
मन में परार्थ के भाव सदा बहते थे।
थे भ्रमणशील भारत के गाँव-शहर में,
चेतन की अलख जगाते थे घर-घर में।
लेकिन संघर्षों से पूरित जीवन था,
बाधा-विघ्नों से नहीं पराजित मन था।

हर गिरि-गह्वर लाँघते हुए जाते थे,
दुर्गम अरण्य पथ रोक नहीं पाते थे।
कंटकाकीर्ण निर्जन प्रदेश मिलते थे,
पत्ते भी भय से एक नहीं हिलते थे।
हिंसक जीवों का ओजपूर्ण गर्जन था,
सर्पों की फुंकृति से आपूरित वन था।
फिर भी यात्रा-क्रम बंद नहीं होता था,
उत्साह भ्रमण का मंद नहीं होता था।

प्राकृतिक दृश्य नयनाभिराम लगते थे,
मन में चिंतन के भाव नए जगते थे।
हरिणों की मोहक चंचलता प्यारी थी,
विटपों-वल्लरियों की शोभा न्यारी थी।

बस्तियाँ कहीं मिलती थीं उस निर्जन में,
रहते थे वनवासी उस शांत विजन में।
गतिमय निर्झर उन्मुक्त जहाँ झरते थे,
उन्मद मयूर रह-रह केका करते थे।
अगणित खग भरते थे उड़ान अंबर में,
करते सुख-दुःख की बात एक ही स्वर में।
संध्या को नीड़ों में वापस होते थे,
भूखे बच्चे चुपचाप जहाँ सोते थे।

उस शांत तपोवन में साधक के दल थे,
तरु की डालों पर अवलंबित वल्कल थे।
वन से गृहीत वे कंद-मूल खाते थे,
तप-त्यागपूर्ण जीवन का सुख पाते थे।

कर पार वन्य पथ बढ़ते थे गाँवों में,
रमते ही चलते थे अनेक ठाँवों में।

पनघट जातीं घट लिए कृषक-बालाएँ,
गृह-कार्यों में थीं व्यस्त सभी ललनाएँ।
शिशुओं को लेकर वृद्ध जहाँ प्रमुदित थे,
जीवन के सारे सुख-सौभाग्य उदित थे।
हल लिए कृषीवल खेतों को जाते थे,
हाँकते हुए बैलों को सुख पाते थे।
पीछे उनके सब बालवृंद चलते थे,
जीवन के भावी स्वप्न जहाँ पलते थे।

खुशियों की हलचल हुई मिलन के पल में,
पहुँचे कबीर जब पश्चिम के अंचल में।
तत्त्वा, जीवा दो बंधु वहाँ रहते थे,
जीवन की स्वप्निल धारा में बहते थे।
थी चाह प्रबल उर में सद्गुरु पाने को,

आकुल था मन भवसिंधु-पार जाने को।
गुरु-ज्ञान बिना मन की सूखी डाली थी,
जीवन की जैसे शुष्क हुई प्याली थी।
कल्पना सदा उठती थी अंतर्मन में,
चेतना गूँज भरती संपूर्ण गगन में।
"जिससे मन की यह डाल हरित हो जाए,
बस वही सुकृत सद्‌गुरु मेरा कहलाए।
साधना पूर्ण जब मेरी हो जाएगी,
कंपित झकोर बहकर समीप आएगी।
मानस प्रफुल्ल होगा उस पुण्य प्रहर में,
मोती बाहर आते ज्यों एक लहर में।"

सींचा कबीर ने मन की उस डाली को,
रहता उपवन का ध्यान सदा माली को।
हो गई हरित वह अभिसिंचित होने पर,
मिलता सबको फल बीज यथा बोने पर।
बन गए शिष्य फिर वे सप्रीत गुरुवर के,
खिल उठे पद्‌म उर के सूखे सरवर के।

× × ×

चल पड़े पुनः उत्तरी दिशा के पथ पर,
निज लक्ष्य-शोध में बढ़ते हुए निरंतर।
पंजाब प्रांत पहुँचे पुनीतमय क्षण में,
उन्मुक्त प्रेम हो गया दीप्त कण-कण में।

संतों का दल भी साथ वहाँ आया था,
शिष्यों के सुख का सागर लहराया था।
नित उपदेशों की वृष्टि जहाँ होती थी,
मंगल जीवन की सृष्टि जहाँ होती थी।
पर, संत वहाँ सब भूखे ही ठहरे थे,
मानो संकट के मेघ हुए गहरे थे।

नानक अमोल व्यापार हेतु आए थे,
वह देख व्यथा आँखों में जल छाए थे।
नाना ने चलते समय उन्हें बोला था,
मोहरें कई देकर उनको तोला था।
"बेटा, अमोल व्यापार तुम्हें करना है,
घर की निर्धनता का संकट हरना है।"
सोचने लगे नानक जी अपने मन में,
'इससे बढ़कर व्यापार नहीं जीवन में।'
भोजन हित व्यय हो गईं स्वर्ण-मुद्राएँ,
मन था प्रसन्न सुनकर सत्संग-कथाएँ।

नानक-कबीर में सत्य-ज्ञान का व्रत था,
मिल गए पुनः गिरिनार जहाँ पर्वत था।
उस अंचल में संतों का सम्मेलन था,
सबके उर में भावों का उद्वेलन था।

गुजरात प्रांत से शिष्य एक आए थे,
नानक जी जैसा वे सद्गुरु पाए थे।
मन में अभिलाषा थी दर्शन पाने की,
थी राह बहुत ही दूर वहाँ आने की।
सोचा, यह मिलने का पुनीत अवसर है,
हो गया लभ्य सपनों का पुण्य प्रहर है।
तिल के लड्डू वे अपने साथ लिए थे,
पत्नी ने उनको खाने हेतु दिए थे।
यात्रा के पूरण तक कुछ शेष नहीं था,
अर्पण के हित कुछ भी अवशेष नहीं था।
देखा तो तिल का दाना एक पड़ा था,
गुरु के प्रति उर में श्रद्धा-भाव बड़ा था।
अर्पित था वह उपहार पूज्य चरणों में,
दर्शित होती है प्रीति न आवरणों में।

तिल को लेकर थे नानक असमंजस में,
डूबा था वह उपहार प्रेम के रस में।
"इसका हम अब कैसे उपयोग करेंगे,
किस भाँति भला हम इसका भोग करेंगे?"
तिल को कबीर ने डलवाया भोजन में,
खाकर जिसको विस्मय था सबके मन में।
आस्वादन में 'तिल-तिल' सुगंध आती थी,
रसना में रस की धार उमड़ जाती थी।
भोजन करके हो गए तृप्त जन सारे,
साधक कबीर लगते थे सबको प्यारे।

सम्राट सिकंदर काशी में आया था,
पंडित-मुल्लाओं के मन को भाया था।
धार्मिक समाज में खुशियों की हलचल थी,
सरिता की जैसे धारा हुई चपल थी।
मिलकर वे सब निंदा कबीर की करते,
झूठे होकर भी राग सत्य का भरते।

"हिंदू-तुरकों के धर्म न बच पाएँगे,
सारे सुकर्म मिट्टी में मिल जाएँगे।
वह तो अपनी मस्ती में ही रहता है,
पूजा-नमाज़ को व्यर्थ सदा कहता है।
उसके पीछे सब जनता दीवानी है,
अपने ही घर में करता मनमानी हैं।
धार्मिक कृत्यों का करता वह खंडन है,
अपनी ही बातों का करता मंडन है।
वह तो अपने कर्मों को छोड़ रहा है,
धार्मिकता के पथ से मुख मोड़ रहा है।
अब ऊँच-नीच का भेद न रह जाएगा,
इस धरती पर ऐसा दुर्दिन आएगा।"

चल रहा सभासद में विचार-मंथन था,
उस वैरागी से अभिप्रेरित जन-जन था।
जाएगा कौन जुलाहों की बस्ती में,
रहता वह जहाँ सदा अपनी मस्ती में।
तय हुआ वहाँ पर कोतवाल जाएँगे,
वे पकड़ जुलाहे को सीधे लाएँगे।
जब कोतवाल पहुँचे उनको लाने को,
तैयार नहीं वे हुए वहाँ जाने को।
बोले, "न मुझे कुछ बादशाह का डर है,
यह तो सारी दुनिया ही अपना घर है।
फिर कैसा राजा और रंक का भ्रम यह,
सुख-दु:ख है जीवन और समय का क्रम यह।
मैं राम-भक्ति में लीन एक साधक हूँ,
जग में फैले पाखंडों का बाधक हूँ।
फिर राजा के दरबार मुझे जाना क्या,
हो दंड या कि फिर पारितोष पाना क्या?"

विद्रोहमयी वाणी कबीर की सुनकर,
फिर कोतवाल ने बोला आगे बढ़कर-
"कैसे भी, मेरे साथ तुम्हें चलना है,
अब राजा के क्रोधानल में जलना है।
नीमा भी अब तेरा विरोध करती है,
उलटे कामों को देख क्रोध करती है।"

"मुझसे यदि लोदी बादशाह डरता है,
मुझको आने हित आमंत्रित करता है,
ठहरो, मैं भी अब साथ स्वयं चलता हूँ,
मैं ताप वह्नि का, हिम की शीतलता हूँ।"
चल पड़े उसी क्षण, कौतुकपूर्ण घड़ी थी,
चल रही साथ शिष्यों की भीड़ बड़ी थी।
लोदी ने पूछा, "क्यों, यह कैसा दल है?
वह वीर कौन जिसमें जनता का बल है!"

तब कोतवाल ने कहा विनय के स्वर में-
"हे महाराज, है खड्ग आपके कर में;
यदि सत्य कहूँ तो बात वृथा लगती है,
दिन में तारों की रात वृथा लगती है।
चल रहा साथ में यह कबीर का दल है,
करता जो सब धर्मों की रीति विफल है।
यह संत सदा निर्गुण हरि को गाता है,
काशी में सबका स्वामी कहलाता है।"

आकर कबीर लोदी के निकट खड़े थे।
उनकी नज़रों में राजा नहीं बड़े थे।
इसलिए नमन हित शीश नहीं झुकता है,
जिस पर काजी का क्रोध नहीं रुकता है।
बोले, "अब तेरी मति विपरीत हुई है,
भुजबल के आगे किसकी जीत हुई है!
कर लो सलाम, वे माफ़ तुम्हें कर देंगे,
यदि कुपित हुए तो प्राण अभी हर लेंगे।"

लेकिन कबीर ने एक नहीं कुछ माना,
(कायरता है अपने पथ से हट जाना।)
"वह बादशाह है कौन जिसे कहते हो,
क्यों वृथा मान्यताओं में ही बहते हो!
सबका स्वामी वह एक और मेरा भी,
उस बादशाह का स्वयं और तेरा भी।
जो राई को भी पर्वत कर देता है,
रंकों को भी राजा का वर देता है।
फिर वंदनीय है कौन भला इस जग में,
किसके निमित्त यह शीश झुकेगा पग में!"

जब बादशाह ने सुनी कथा वह सारी,
फिर धधक उठी क्रोधानल की चिनगारी।
"ठहरो कबीर, तुम जीवित नहीं बचोगे,
अपने मन की अब रचना नहीं रचोगे।"

लेकिन कबीर अविचल सामने खड़े थे,
हो निडर सत्य के पथ पर स्वयं अड़े थे।

"अनुचरो, इसी क्षण प्रण मेरा साधो तुम,
साँकल से इसके हाथ-पाँव बाँधो तुम।
फिर इसे छोड़ दो गंगा की धारा में,
आकुल है यह जीवन की इस कारा में।"

चल पड़े कार्य के हेतु सभी अनुचर थे,
वह दृश्य देख सबमें करुणा के स्वर थे।
निर्बंध बने बैठे कबीर थे थल में,
वह बादशाह कर सका नहीं कुछ छल में।
पंडित-मुल्ला थे भारी असमंजस में,
आमोद भरा था परनिंदा के रस में।

"हे बादशाह, कबिरा यह जादूगर है,
अब तो अपने पनघट की कठिन डगर है।
इसको यदि जीवित ही छोड़ा जाएगा,
फिर हम सबका सम्मान न बच पाएगा।
जनमत सब इसके साथ सदा रहता है,
अपने को सबका पथदर्शक कहता है।
नित अलख जगाता सबमें चेतनता का,
विघटन कर सकता है सारी सत्ता का।"

लोदी के मन का झनक उठा हर कोना,
'इसके जीवन का अंत अभी है होना।'
सुन शब्द-घोष वह आनंदित काजी थे,
वध के निमित्त सब लोग हुए राजी थे।
सेना के दल में एक प्रमद कुंजर था,
जिसके दर्शन से व्याप्त सभी में डर था।

उसके समक्ष कोई भी जब आता है,
जीवन उसका संकट में पड़ जाता है।
कितने ही लोगों को उसने मारा है,
वीरों का भी पौरुष उससे हारा है।
उस गज को भर-भर घूँट दिया आसव का,
बज उठा भयानक बिगुल मरण-उत्सव का।
मदिरा पीकर उन्मत्त हुआ हाथी था,
जो केवल अपने स्वामी का साथी था।
उन्मद हो उसने भी मधुपान किया था,
वध के निमित्त प्रण का अवधान किया था।

उन्मदता में चेतना भंग होती है,
निष्क्रिय होकर जब बुद्धि स्वयं सोती है।
जड़ता का बंधन प्राणों को कसता है,
सूरज को जैसे अंधकार ग्रसता है।
मन अकुलाता बेचैनी के झोंकों से,
बेधित खग जैसे बाणों की नोंकों से।
सत्यासत् में दिखता कुछ भेद नहीं है,
अपनी जड़ता पर होता खेद नहीं है।

गट्ठर बनकर सामने कबीर पड़े थे,
हिंसा की लघुता में वे स्वयं बड़े थे।
अंकुश हाथी के मस्तक पर पड़ता था,
पर पाँव न किंचित् आगे को बढ़ता था।
वह गज उसको पीछे से दौड़ाता है,
जो भय के मारे भाग स्वयं जाता है।
लेकिन कबीर सिंहवत् समीप खड़े थे,
अपनी दृढ़ता में स्वयं अभीत अड़े थे।
गज का स्वामी था भारी असमंजस में,
हर अंधे को दिखती है रात दिवस में।
पंडित-मुल्ला कुछ जान नहीं पाते हैं,
वे संतों को पहचान नहीं पाते हैं।

गुरु शेख तकी ने लोदी को समझाया,
तापस कबीर की महिमा को बतलाया।
"है संत वही जो सत्पथ पर चलता हो,
हर अंधकार में दीपक-सा जलता हो।
रखता हो सबमें भाव सदा संतति का,
दिखलाता हो सबको वह मार्ग प्रगति का।
हर सुख-दुःख में दृढ़ता का जो साधक हो,
मैत्री-करुणा के पथ का आराधक हो।
मोदित होता हो जन-जन की क्रीड़ा में,
कातर हो जाता हो सबकी पीड़ा में।
सबमें समता का भाव सदा रखता हो,
जीवन के व्यवहारों में समरसता हो।

साधक कबीर संतों में संत प्रवर हैं,
उनकी प्रिय वाणी में करुणा के स्वर हैं।
अपराधी को भी क्षमादान देते हैं,
वे जन-मन की पीड़ा को हर लेते हैं।
कर लो सलाम ऐसे विशिष्ट साधक को,
इस तपोनिष्ठ निर्गुण के आराधक को।
है समय अभी, कुछ बात नहीं बिगड़ी है,
हठ नहीं, सोचने की यह एक घड़ी है।
अपनी भूलों को यदि स्वीकार करेंगे,
सबके समान तुमको भी प्यार करेंगे।"

पाकर विबोध अंतर्मन जाग गया था,
सब अंधकार जड़ता का भाग गया था।
कर जोड़ उभय मस्तक पग में अवनत था,
श्रद्धा से पूरित मन का भाव विनत था।
विगलित था सारा अहंकार प्रभुता का,
अनुमान हुआ उनको जब निज लघुता का।
थी चाह उन्हें कुछ धन-वैभव अर्पण की,
हो उठी दीप्त धुँधली काया दर्पण की।

तापस कबीर ने लोदी को समझाया,
"संतों को तुमने अब तक जान न पाया।
नरपति, मैं तुमको क्षमादान देता हूँ,
बदले में इसके और न कुछ लेता हूँ।
यह राज-पाट, धन-धाम नहीं कुछ थिर है,
केवल आत्मा की सत्ता नित्य, रुचिर है।
घट-घट में वह अद्वैत ख़ुदा रहता है,
सारे धर्मों का सार यही कहता है।"

लोदी जब चलने लगे स्वयं काशी से,
निज मन का नेह लगाकर अविनाशी से,
गूँजने लगी जय-ध्वनि कबीर स्वामी की;
महिमा अवर्ण्य थी उस अंतर्यामी की।
वह देख सभी पंडित-मुल्ला जलते थे,
कर्तव्यमूढ़ हो हाथ सभी मलते थे।

"यह जाति जुलाहा सचमुच अज्ञानी है,
पथभ्रष्ट और पाखंडी, अभिमानी है।
धर्मादिक अधिकारों से जो वंचित है,
जिसमें कर्मों का पुण्य नहीं संचित है।
फिर भी सब इसकी चरण-धूलि लेते हैं,
हर धार्मिकता का श्रेय इसे देते हैं।
कुछ किए बिना विश्राम नहीं लेंगे हम;
इसकी प्रभुता का दंड स्वयं देंगे हम।"

पड़ गई कुमति में एक कुटिल नारी थी,
जो दहनशील पावक की चिन्गारी थी।
कर पट-विक्रय वे लौट रहे जब घर को,
घटना ने एक अचंभित किया शहर को।
कर्कशा एक नारी सम्मुख आती है,
पल्लू पकड़े आगे बढ़ती जाती है।

"भोले-भाले लोगों को तुम छलते हो,
ज्ञानी होने का दंभ सदा भरते हो।
साधुत्व तुम्हारा यह कितना झूठा है,
जीवन का मानो वृक्ष हुआ ठूँठा है।
दो आँखों के होते भी तुम अंधे हो,
मानव-पौरुष के तुम दुर्बल कंधे हो।
देखते नहीं तुम, मैं कब से भूखी हूँ,
भोजन-पानी के बिन कितनी सूखी हूँ!"

था विस्मय का संवाद सभी के घर में,
वह अद्‌भुत देख तमाशा बीच शहर में।
पंडित-मुल्ला पीछे-पीछे चलते थे,
बढ़ते प्रभाव में जो उनसे जलते थे।
है विलख रही अबला दाने-दाने को,
मिल सका नहीं इसको कुछ भी खाने को।

कविवर कबीर सब समझ गए रचना को,
वे टाल नहीं सकते थे उस घटना को।
बोले विनम्र होकर फिर उस नारी से,
दु:ख की मारी उस अबला बेचारी से :
"हे माता, क्यों भूखी-प्यासी फिरती हो,
जीविका हेतु क्यों काम नहीं करती हो?
तुम चलो अभी निज गृह में ले चलता हूँ,
मैं दैन्य-ताप में तरु की शीतलता हूँ।"

घर लाकर फिर सत्कार किया नारी का,
क्या कहा जाय साधक की बलिहारी का!
युवती के अंदर लज्जा-ग्लानि भरी थी,
भय से पूरित मन की पीड़ा गहरी थी।
थे टपक रहे आँसू रह-रह पलकों से,
बूँदें गिरती हों जैसे सांद्र घनों से।

"हा, मैंने यह कैसा अनर्थ कर डाला,
पीयूष समझ पी लिया गरल का प्याला!
निश्चय ही निज करनी का फल पाऊँगी,
सामने राख की ढेरी बन जाऊँगी।"

"हे माता, कुछ डरने की बात नहीं है,
इस घटना का कारण अज्ञात नहीं है।
इसमें कोई भी दोष नहीं तेरा है,
तापस-जीवन का अग्नि-प्रहर मेरा है।
निंदा देकर भी मस्तक का भूषण हो,
जप-तप की महिमा का तुम आभूषण हो।
हरि-नाम जपो है प्रेय यही जीवन का,
सुख-दुःख का अनुभव मात्र खेल है मन का।
जिसमें विवेक का वलय नहीं घिरता है,
औंधे मुँह होकर वह सीधे गिरता है।"

लोकापवाद फैला संपूर्ण शहर में,
चर्चा होती थी काशी के घर-घर में।
"देखो, कबीर की यह कैसी माया है,
औरत को लेकर कुटिया में आया है।
ढोंगी यह अपने को साधक कहता है,
लेकिन मन की मादकता में बहता है।"

वे अविचल हो सबकी निंदा सुनते थे,
जीवन के गहरे भेदों को गुनते थे।
काशी की जनता समझ गई कारण सब,
हो गया समस्याओं का निस्तारण सब।

मिलने हित उनसे भीड़ चली आती थी,
नित भक्ति-कथा का रस रसना पाती थी।
हो गए पराजित कपटी-मायावी सब,
बन रही धर्म की नींव सुदृढ़ भावी सब।

लेकिन अब भी वे हार नहीं माने थे,
हाथों में अपने बाण-धनुष ताने थे।
चर्चा कबीर की घर-घर में फैली थी,
लेकिन काशी की जन-गंगा मैली थी।

कुछ विप्रजनों ने सिर अपना मुँड़वाया,
सबने कबीर-भक्तों का वेश बनाया।
आमंत्रण बँटने लगा सभी द्वारे का,
उनके विशाल आयोजित भंडारे का।
"जब बादशाह लोदी काशी आए थे,
दक्षिणा पराजय में कबीर पाए थे।
धन वही खर्च होगा इस आयोजन में,"

जुट गए सभी जलपान और भोजन में।
देखा घर में लोगों की भीड़ खड़ी थी,
सामने कठिन संकट की एक घड़ी थी।
मन के ऊपर चिंता का बोझ बड़ा था,
स्वामी पर सेवक का विश्वास अड़ा था।

निज गेह छोड़ वे बाहर चले गए थे,
अपनी ऋजुता के कारण छले गए थे।
प्रभु की इच्छा से पूर्ण हुआ भंडारा,
अज्ञात किसी ने किया काम वह सारा।
उसने कबीर का वेश किया धारण था,
सब कुछ उसकी करुणा के ही कारण था।
दक्षिणा और भोजन से तृप्त हुए सब,
साधक की महिमा से संतृप्त हुए सब।
गुणगान सभी उनका करते जाते थे,
छलिया सारे मन-ही-मन पछताते थे।
साधक कबीर बैठे थे हरि की धुन में,

मन था उनका रमता अपने निर्गुन में।
सब लौट रहे भोजन कर भंडारे से,
बोला सब लोगों ने हरि के प्यारे से :
"भूखे-प्यासे क्यों माला फेर रहे हो,
किस कारण उस मालिक को टेर रहे हो?
सीधे कबीर-भंडारे में जाओ तुम,
दक्षिणा और भोजन लेकर आओ तुम।"

सोचा कबीर ने यह हरि की माया है,
सबके ऊपर उस मालिक की छाया है।

दक्षिण देशाटन हेतु कबीर गए थे,
मिलकर लोगों में श्रद्धा-भाव नए थे।
यात्रा में उनसे विदुषी एक मिली थी,
मन में उसके आशा की ज्योति खिली थी।

"स्वामी जी, सुत है सर्वानंद हमारा,
जिसमें शास्त्रों का ज्ञान भरा है सारा।
लेकिन पोथी पढ़कर वह अभिमानी है,
वह जीत सभी को बन बैठा मानी है।
कहता मुझसे 'सर्वाजित' मुझे कहो तुम,
सुख-सपनों की धारा में सदा बहो तुम।
यदि कृपा आपकी प्राप्त उसे हो जाए,
जीवन की सब जड़ता उसकी धो जाए।"

माँ ने अपने बेटे से सत्य कहा था,
उर में पावन ममता का स्रोत बहा था।
"बेटा, तुम तब तक नहीं सर्वविजयी हो,
जब तक कबीर से होते नहीं जयी हो।
जाकर काशी जब जीत उन्हें आओगे,
तब तुम 'सर्वाजित' की उपाधि पाओगे।"

चल पड़े लाद पोथी-पत्रा काशी को,
मन में पुकार करते उस अविनाशी को।
पहुँचे कबीर के निकट दंभ में जब वे,
चौंके सुन वचन कमाली के फिर तब वे।

"अति दुर्गम चोटी पर कबीर का घर है,
धारणा-ध्यान में मन जिनका तत्पर है।
चींटी का भी जब पाँव न टिक पाता है,
पोथी लादे ज्यों बैल कहाँ जाता है?"

सत्यार्थ-बोध में ध्यान नहीं जिसका है,
चेतनता का उत्थान नहीं जिसका है,
पोथी ढोता वह बैल-सदृश मानव है,
तत्त्वान्वेषण से होता ज्ञान-प्रभव है।

सोचने लगे हो चकित स्वयं वे मन में,
'मृगशावक-सा आ गया कहाँ मैं वन में!'

"हे संत, आपका मैंने नाम सुना है,
शास्त्रार्थ हेतु मन में संकल्प गुना है।
बस इसीलिए मैं आज यहाँ आया हूँ,
निज वाणी का उद्घोष स्वयं लाया हूँ।"

"पोथी-पत्रा का ज्ञान नहीं मेरा है,
यह 'मान' आपकी ही मति का फेरा है।
शास्त्रार्थ भला मैं कैसे कर सकता हूँ,
छोटे घट में जल कैसे भर सकता हूँ!"

सुन वह वितर्क मन में आमोद भरा था,
उठ रही धूल में दिखता किंतु हरा था।

"सामर्थ्य नहीं शास्त्रर्थ अगर करने की,
तो भी है कोई बात नहीं डरने की।

अपने हाथों से विजय-पत्र लिख दे दें,
मुझको 'सर्वाजित' से अभिलक्षित कर दें।
मैं चला यहाँ से लौट अभी जाऊँगा,
अपनी माता से भी प्रशस्ति पाऊँगा।"

"यदि ऐसा है तो बात यही मानेंगे,
सब लोग इसे सुनकर ऐसा जानेंगे।
लिख आप स्वयं लें, बात न यहाँ विवादित,
'विजयी हैं सर्वानंद, कबीर पराजित।'
मैं स्वयं प्रमाणीकृत इसको करता हूँ,
विद्वानों को मैं देख सदा डरता हूँ।"

चल पड़े मुदित हो गेह विजय-बेला में,
कर हार-जीत का खेल भ्रमित मेला में।
माँ ने हाथों में विजय-पत्र जब देखा,
खिंच गई अचानक क्षणिक भ्रांति की रेखा।
फिर भी होता विश्वास नहीं था मन को,
सुत देख नहीं पाया निज रीतेपन को।

पत्रिका खोलने हित कौतुक भारी था,
पणिाम विपर्यय अति विस्मयकारी था।

"मैंने ही सचमुच किया पत्र-लेखन यह,
फिर कैसे हुआ विजय का परिवर्तन यह!
निश्चय ही उस युवती की बात सही थी,
मन में संशय की छाया घूम रही थी।
इसलिए बात कुछ समझ नहीं पाया मैं,
निज अहंकार में ही था भरमाया मैं।
खुल गई आँख मेरी जो बंद पड़ी थी,
जग गई बुद्धि मेरी जो मंद पड़ी थी।

मैं काशी को फिर से प्रस्थान करूँगा,
अपने भ्रम-संशय की पहचान करूँगा।"

वे पहुँच गए गुरु-चरणों की सेवा में,
मिलता जिह्वा को स्वाद मधुर मेवा में।
कर क्षमा-याचना सम्मुख हुए खड़े थे,
"मैं छोटा था, सचमुच ही आप बड़े थे।
अब हार नहीं, मेरी यह जीत हुई है,
गुरुवर के इन चरणों से प्रीत हुई है।
मैं अहंकार के नद में उमड़ रहा था,
बादल के टुकड़े-सा मैं घुमड़ रहा था।
मिथ्या को ही मैं सत्य समझ बैठा था,
करता प्रलाप अपनी धुन में ऐंठा था।
मैं क्षुद्र-अकिंचन हूँ मुझको अपना लें,
इस अज्ञानी को अपना शिष्य बना लें।"

"अब उठो पुत्र, मन की उद्भ्रांत दिशा से,
तुम जाग गए हो तम की मोह-निशा से।
दे रहा 'सुरति गोपाल' नाम तुमको अब,
दीक्षा से कर दूँ आप्तकाम तुमको अब।"

× × × ×

मिलने हित उनसे शिष्य सदा आते थे,
दर्शन पाकर जीवन का सुख पाते थे।
घर में संतों की भीड़ लगी रहती थी,
उपदेशों की पावन गंगा बहती थी।

इच्छा उठती थी काशिराज के मन में,
है पुण्य महत् उस साधक के दर्शन में।
लेकिन नृप होने का अभिमान बड़ा था,
उनके समक्ष अपना सम्मान बड़ा था।

दूतों को भेजा साथ उन्हें लाने को,
तैयार नहीं थे स्वयं वहाँ जाने को।
जब कहा दूत ने संदेशा साधक से,
निर्भय होकर उस हरि के आराधक से।
बोले कबीर, "है काम यहाँ मेरा क्या,
दरबार रहा है धाम कभी मेरा क्या?"

हठ देख किंतु उठ खड़े हुए चलने को,
रोशनी हेतु दीपक बनकर जलने को।
सोचा, "नरेश यह कितना अभिमानी है,
संतों से भी यह करता मनमानी है।
इसलिए मुझे अब स्वयं वहाँ चलना है,
नृप की प्रभुता का मद-भंजन करना है।"

साधक कबीर ने रचना एक रची थी,
जिससे लोगों में हलचल ख़ूब मची थी।
कर में वे जल का बोतल एक लिए थे,
युवती के कंधे पर भी हाथ दिए थे।
झूमते चले काशीपति से मिलने को,
हर कली जहाँ आकुल होती खिलने को।
वह खेल देख सारे जन हुए चकित थे,
उस घटना से सबके मन-प्राण थकित थे।
जनता उनके पीछे-पीछे चलती थी,
वह दृश्य देखकर कर अपना मलती थी।
उनके विरुद्ध रह-रह नारे लगते थे,
कुछ बीच-बीच में जयकारे लगते थे।
पहुँचे जब काशीपति की बीच सभा में,
छा गई घटा हो जैसे दीप्त प्रभा में।

राजा ने उनकी ओर स्वयं जब देखा,
बन गई दृष्टि में असमंजस की रेखा।
लज्जा से उनकी पलकें झुकी हुई थीं,
विस्मय में सबकी साँसें रुकी हुई थीं।

"देखो इसको सब, यह कैसा साधक है,
हरि का यह कैसा निर्गुण आराधक है!
यह मुझको केवल पाखंडी लगता है,
मन में इसके चैतन्य नहीं जगता है।
यह साधक अब सचमुच पथभ्रष्ट हुआ है,
काशी का सारा गौरव नष्ट हुआ है।
प्रहरी, बाहर ले जाओ इस साधक को,
राजा की सभ्य सभा के इस बाधक को।"

प्रहरी आज्ञापालन के हित उद्यत था,
फिर भी कबीर का हर व्यवहार विनत था।
पैरों पर जल डालने लगे बोतल का,
अनुमान किसी को नहीं योग के बल का।
पानी धारा का रूप लिए जाता था,
राजा लेकिन कुछ समझ नहीं पाता था।

पूछा, "कबीर की यह कैसी माया है,
यह दृश्य देख मेरा मन घबराया है।
इस घटना के सच का रहस्य खोलो अब,
है विकल बुद्धि मेरी कुछ तो बोलो अब।"

"काशीनरेश, यह कोई खेल नहीं है,
इस घटना से मेरा कुछ मेल नहीं है।
हाँ, जगन्नाथ में घटना एक घटी है,
कर रही जहाँ पर क्रीड़ा नियति-नटी है।
संकट है पंडा रामहर्ष के घर में,
है आग लगी उनके टूटे छप्पर में।
जल डाल अग्नि का मैंने शमन किया है,
अपने कर्तव्यों का निर्वहन किया है।"

"हे नाथ, क्षमा कर दें अब इस पापी को,
मैं थाह न कर पाया गहरी वापी को।

मैंने सचमुच अप्रिय व्यवहार किया है,
सत्पुरुषों की महिमा पर वार किया है।
हैं धन्य आप मेरी निकृष्ट लघुता यह,
हे देव, आपकी है विशिष्ट गुरुता यह।"

डर के मारे अंतर्मन काँप रहा था,
सागर की गहराई को नाप रहा था।

"राजन, अब और अधिक अनुताप करो मत,
प्रभुता के मद में कोई पाप करो मत।
संतों का मन अतिशय उदार होता है,
उनमें अमूर्त आत्मा का बल होता है।
निज भूलों के प्रति ग्लानि नहीं यदि मन में,
विचरण करता मानव जड़ता के वन में।
जीवन-पथ का अनुमान नहीं होता है,
अपनेपन का कुछ ज्ञान नहीं होता है।
नृप, सपत्नीक तुम शिष्य बने मेरे हो,
इस विस्तृत नभ के मेघ घने मेरे हो।
जन-जन में तुम करुणा की वृष्टि करोगे,
काशी में नव जीवन की सृष्टि करोगे।"

परहित में नित रहते कबीर तत्पर थे,
वे सहज किंतु संतों में संत प्रवर थे।
धारणा-ध्यान में मन सदैव रमता था,
उर में कोई हिमखंड नहीं जमता था।
मन था प्रशांत रहता गंभीर जलधि-सा,
बन द्वीप स्वयं धारा-पथ का प्रतिनिधि-सा।
उनमें था तापस-भाव सदा समता का,
दृष्टांत पिता-माता की प्रिय ममता का।

•

निदर्शन

हे साधो, यह जीवन अमोल
अपनी गति-लय में लीन सदा पृथ्वी यह सारी रही डोल
जीवन के पथदर्शक बनकर हैं घूम रहे नभ-थल-खगोल
लेकिन अपने पथ से अजान है मनुज यहाँ नित भ्रमणशील
भू के सपनों में डूब स्वयं वह देख रहा है गगन नील
मतिभ्रम में आँखों के आगे भासित होता सब विपर्यास
निज संज्ञा के अवधान बिना निष्फल हैं कर्मों के प्रयास
पहचान गुणों से मानव की जीवन का है बस यही मोल
फिर कौन यहाँ विष रहा घोल!

छाया है पथ में अंधकार
हर ओर धधकती मरु-ज्वाला, उठता प्राणों में करुण ज्वार
सुख-सपनों के आराधन में है तृषा-वेदना दुर्निवार
पावस के मेघ न घिरते अब दिखता है केवल धूम्र-पुंज
निज शीतलता को त्याग स्वयं पावक बरसाते सघन कुंज
हो गए अचानक मौन सभी कलरव जो करते थे विहंग
उर की रागिनियाँ टूट गईं बजता न मधुर मन का मृदंग
इस रीतेपन में भी मानव दुनिया के प्रति कितना उदार
जीवन का है अवरुद्ध द्वार!

मानव का यह मिथ्यात्व-बोध
इस दुनिया की रेती में वह जाने क्या अब तक रहा शोध
पाकर भी सब कुछ छूट रहा यह है कैसा अंतर्विरोध
उपलब्धि जिसे वह मान रहा है वही पतन का समारंभ
जीवन की दुर्बलता में भी अपनी क्षमता पर बड़ा दंभ

बनता है दु:ख का अनुपूरक क्षण भर का सुखमय अट्टहास
मृगतृष्णा में वह दौड़ रहा फिर भी मिट पाई नहीं प्यास
अपनी उलटी मति देख स्वयं पर ही उसको आ रहा क्रोध
जाग्रत फिर कब होगा प्रबोध!

जीवन का यह कैसा विधान
खंडित अतीत की याद लिए निस्तब्ध पड़ा है वर्तमान
धुँधले भविष्य की चिंता है जाने कब फिर होगा विहान
सूरज की किरणों के आगे आँखें हो जातीं चकाचौंध
घिर जाते हैं जब मेघ घने करने लगती चंचला कौंध
विहगों के कलरव में लक्षित क्षण भर की ऊषा की लाली
रवि का आलोक सिमट जाता जब घिरती है तम की जाली
परिवर्तन की इस हलचल में सूझता नहीं कुछ समाधान
मानव सचमुच कितना अजान!

बहता है यह अविरल समीर
जग को भय-कंपित करता-सा चल रहा नियति का विषम तीर
आहत पिक की प्रश्नाकुलता है गूँज रही नभ-दिशा चीर
तरुओं की कंपित डाली से प्रस्फुट होते पल्लव नवीन
कलियों के कोमल प्राणों में बजती आशा की मधुर बीन
मधुवन की मादकता में खिल उठता फूलों का रजत हास
पतझड़ की आहट से फिर भौंरों का मन हो जाता उदास
घटनाओं के व्यावर्तन में मानव हो जाता है अधीर
आँखों से बहता अश्रु-नीर।

यह कालोदधि का महाज्वार
जीवन-तट से नित टकराता करता है लहरों का प्रहार
भीतर बड़वानल गरज रहा फिर भी प्रिय लगता जल-विहार
फँस आवर्तों के बीच मनुज डूबता और फिर उतराता
मिलता कोई अवलंब नहीं धारा में ही बहता जाता

बेसुध प्राणों की देख दशा आकुल होती निरुपाय बुद्धि
थमता न दु:खों का ज्वार कभी जब तक है अंतर् में अशुद्धि
जड़ता के इस सन्नाटे में उठती है चेतन की पुकार
हलचल होती है बार-बार।

मानव का मन कितना अशांत
वह दौड़-दौड़ जग के मिथ्या सपनों में क्यों हो रहा भ्रांत
धन-वैभव का सुख पाकर भी किस पीड़ा में हो रहा क्लांत
भटके हैं पथ से लक्ष्य सभी जिस पर है उसका नहीं ध्यान
निज तत्त्वबोध के शोध बिना जग का है सारा व्यर्थ ज्ञान
कंचन-सी यह दुर्लभ काया क्यों निष्प्रयोज्य बन रही धूल
निज सत्ता से अनजान बना मानव अपना पथ गया भूल
बस इसी भूल के कारण ही यह जीवन हो जाता दु:खांत
क्रंदन-आपूरित विश्व-प्रांत।

मन का यह कैसा मोहजाल
मानव ने समझा अमृत जिसे वह है विषयों का विष कराल
जीवन के अरुणोदय में भी तम का वह परदा रहा डाल
जग को मुट्ठी में बंद किए वह नाप रहा है दिशाकाश
इंद्रिय की पुलक-घटाओं में है तिरोभूत मन का प्रकाश
तनकर खजूर-सा खड़ा हुआ ऊपर ही जिसकी धूप-छाँव
गर्दन ऊँची कर देख रहा धरती पर पड़ते नहीं पाँव
अपनी इस गौरव-गाथा पर आगे बढ़कर दे रहा ताल
कैसी यह उलटी हुई चाल!

मन की कितनी गतिमय तरंग
सुख-दु:ख के दोनों कूलों से कल-कल करती बह रही संग
ठहराव जहाँ मिलता इसको होता पल भर में मान भंग
यह अथिर स्वयं रहती जब तक क्लेशित करता है द्विधा-भाव
गति हो जाती जब अवरोधित रुक जाता है सहसा बहाव

खोलती मुक्ति का द्वार स्वयं बंधन का भी है हेतु यही
गति की मंथरता में बनती जीवन-धारा का सेतु यही
लहरों के हर परिवर्तन में बदला करती यह सदा रंग
यह है कैसा अद्‌भुत प्रसंग!

घायल है जीवन का स्वधर्म
निज तृषा-तृप्ति के लिए मनुज करता है अच्छे-बुरे कर्म
मति के होते भी समझ नहीं संकट में उसका प्राण-धर्म
करते हैं मन को सम्मोहित जग के आकर्षणमय पदार्थ
श्वानों-सा पत्तल चाट स्वयं वह मान रहा निज को कृतार्थ
कुछ निहित स्वार्थ के कारण ही सब छूट गया कर्तव्य-भाव
जीवन के इस धारा-पथ पर पतवार बिना चल रही नाव
आत्मा की संज्ञा भूल स्वयं नर खोज रहा है देह-चर्म
जीवन का है क्या यही मर्म!

यह है विषयों का गरल-पान
मन की लहरों में डूब स्वयं नर भूल गया निज दिशा-ज्ञान
जीवन के ऊपर खींच रहा उन्मद तृष्णाओं का वितान
शीतलता की कल्पना लिए बढ़ता जाता वासना-ताप
सुख पाने की आकुलता में वह भटक गया है स्वयं आप
मन के टूटे दर्पण में बिंबित है उसका व्यक्तित्व-रूप
जग के रूपाकर्षण में फँस वह भूल गया अपना स्वरूप
वह स्वयं समस्या का कारण फिर कौन करेगा समाधान
जीवन का यह कैसा विधान!

नर दौड़ थका सब तीर्थ-धाम
कण-कण में उसका ध्यान नहीं मन में रम पाए नहीं राम
कुछ हाथ नहीं आया उसके दिन बीत गया, हो गई शाम
कोई मथुरा-वृंदावन में कोई काशी में करे वास
बिन तत्त्व-ज्ञान यह जग सूना जीवन हर क्षण रहता उदास

गंगा में तन धोया लेकिन मन की हट पाई नहीं धूल
आँखों पर पट्टी बाँध स्वयं मानव नित करता रहा भूल
वह बढ़ना क्या जीवन-पथ पर यदि लग जाए गति में विराम
मति हो जाए जब स्वयं वाम।

शब्दों का अधिगम अर्थ-बोध
बन हंस स्वयं जग में मानव कर ले जीवन का तत्त्व-शोध
बिन सार-ग्रहणता के मन का मिटता न कभी अंतर्विरोध
सुख-दुःख के द्वंद्वों के समान गुण-दोष सदा हैं साथ-साथ
यह मानव की गुण-ग्राहकता जब स्वीकृति के हित उठे हाथ
खोखले छोड़ केवल यथेष्ट दानों को करता ग्रहण सूप
ज्ञानी मनुष्य के जीवन की शिक्षा का यह उत्कृष्ट रूप
है प्रेम जगत में सत्य सदा नश्वर जीवन स्वप्नावबोध
मिट जाए सब मन का विरोध।

यह भूल एक कितनी भारी
अनजान बना अपनेपन से मानव बन बैठा संसारी
सब छोड़ चले जाते जग को आएगी उसकी भी बारी
फिर भी है कुछ परवाह नहीं वह मग्न सदा अपनी लय में
लुटती पूँजी का ध्यान नहीं वह व्यस्त हुआ क्रय-विक्रय में
सहसा ऐसा झोंका आया सब टूट गए छप्पर-छानी
तम की निद्रा में डूब गए कितने ही मानी-अभिमानी
पुष्पित होने से पहले ही यह सूख गई जीवन-क्यारी
मानव की कैसी लाचारी!

जीवन की यह झीनी चादर
पिंगला-इड़ा ताना-भरनी सुख-दुःख से आपूरित गागर
आनंद प्रवाहित होता जब घट-घट में लहराता सागर
यह है कौतुक-क्रीड़ा कैसी बरसे कंबल भीगे पानी
इस अन्वेषण में गूँज रही नभ-थल में कवियों की बानी

पोथी पढ़-पढ़ जीवन बीता फिर भी मिल पाया नहीं ज्ञान
दिन बीत गए चलते-चलते लेकिन पथ का है नहीं भान
घिर रात हुई ऐसी गहरी जीवन की सूनी हुई डगर
फिर भूल गए अपना ही घर।

झूठा कुल-गौरव का प्रमाद
दे सका न मन को शांति कभी यह जड़ता का गहरा विषाद
आघातों में सुख के सपने कुछ भूल गए कुछ रहे याद
ऊँचे कुल का अभिमान बड़ा लेकिन हैं ऊँचे नहीं कर्म
सोने के घट में सुरा देख हैं साधु सदा कहते अधर्म
घन स्वाति-बूँद सीपी में पड़ मोती बन जाती महीयान
सर्पों के मुख में विष बनती दुष्टों की संगति का प्रमाण
लालच में आकर फँसे पंख मक्खी गुड़ का पा गई स्वाद
बढ़ रहा इसी कारण विवाद।

यह आडंबर का व्यर्थ स्वाँग
बाह्योपचार में डूब स्वयं भर रहा मनुज साधना-राग
होकर यथार्थ से दूर सदा गाता है सपनों के विहाग
मुंडित करवाता सिर अपना या फिर रखता है दीर्घ केश
मन का असाधु मिट सका नहीं धर फिरे साधु का कपट-वेश
माला-टोपी धारण करके नीचे तक चोंगा लिया डाल
कानों में कुंडल की शोभा चंदन से लेपित हुआ भाल
ऊपर दिखते हैं फूल खिले अंदर से रीता है पराग
मन के भीतर जल रही आग।

यह मानव का भ्रम दुर्निवार
पत्थर में झूठी भक्ति बसी है बंद पड़ा चेतना-द्वार
मूरति की पूजा के आगे वह भूल गया है निराकार
जप-तप की सूनी रातों में सो गया मनुज का तत्त्व-ज्ञान
व्रत-तीर्थाटन में भ्रमित हुआ कहता वह अपने को सुजान

मन ही मथुरा, द्वारका हृदय, तन है काशी का मुक्ति-धाम
निज शून्य शिखर के द्वार पहुँच मानव बन जाता स्वयं राम
बनकर मराल इस क्षीर-नीर के निर्णय का कर लो विचार
जीवन का केवल यही सार।

कथनी-करनी में सदा भेद
वाणी है मधुर अमृत जैसी अंदर से लेकिन बड़े छेद
मन में है कालापन गहरा ऊपर दिखता निर्मल-सफेद
जो स्वयं नहीं पालन करते देते औरों को सदुपदेश
अपने को स्वामी समझ सदा करते हैं घर-घर में प्रवेश
वह साधु नहीं जो मुखर बने चुपचाप रहे साधना-लीन
निज कर्मों के संपादन में रहता हो आत्मा के अधीन
वाणी का वह आलाप वृथा यदि शब्द-जाल में बँधे वेद
तर्कों में क्यों यह मति-विभेद!

ऐसा अचरज देखा भाई
गायों को सिंह चराता है पाकर सत्ता की तरुणाई
माँ के पहले सुत जनम लिया बजती है घर-घर शहनाई
गुरु चेले का युग चरण धरे है यही समय की रीति-नीति
सरवर-तल से तरु प्रकट हुआ चेतन से जड़ की हुई प्रीति
शाखा नीचे की ओर झुकी ऊपर नभ-पथ में हुआ मूल
जीवन की उलटी धारा में सुख के सारे बह गए फूल
पद के आगे है क़द छोटा दुनिया की है यह सच्चाई
ऐसी दुर्दिन-बेला आई।

पानी में भी है तृषित मीन
कितना विचित्र यह उपाख्यान- यह सोच हुआ नर युक्तिहीन
भरता वह अपने डग लंबे करने हित सारा जग अधीन
यह जग जिसका प्रतिबिंब स्वयं उसकी सत्ता क्यों नहीं मान्य
फिर बिंब बिना प्रतिबिंब कहाँ बिन बीज नहीं उत्पन्न धान्य

जाग्रत है केवल काया यह निश्चेष्ट पड़ा आत्मावबोध
मालिन्य भरा मन में जब तक जीवन का होता नहीं शोध
अपनी इस लघुता के कारण मानव जग में बन गया दीन
पक्षी जैसे हो पंखहीन।

जीवन की बुझती नहीं प्यास
जग खोज रहा जिसको अब तक युग-कल्पों से करते प्रयास
मन में यदि सच्चा भाव रहे मिल जाता है वह अनायास
नश्वर जग की हर प्रेय वस्तु हाथों से जाती सदा छूट
मिलता सुषुप्ति में क्षणिक मोद जागृति में जाते स्वप्न टूट
इस बुद्धिवाद में मानव का यह विजय-घोष अथवा प्रलाप
हर मृदुता में आघात कठिन सुख-तानों में केवल विलाप
जिसको वसंत वह मान रहा लिपटा उसमें पतझड़ उदास
यह है कैसा जीवन-विकास!

सार्थक है जग में प्रेम-भक्ति
सौंदर्य-चेतना का वाहक मानव है जग की महाशक्ति
यह जीव-मुक्ति का बोध स्वयं बन जाता जीवन की विमुक्ति
आमोद-भरे प्रासादों में गुंजित थे सुख के जहाँ राग
सूनेपन का संवाद लिए बैठा करते अब वहाँ काग
आसक्ति-त्याग के बिना सदा यह व्यर्थ जगत का भोग-धाम
जीवन का है जो प्रेम-पथिक है धन्य धरा पर वही नाम
करती है कवियों की वाणी ऐसे सत्पुरुषों की प्रशस्ति
संतों की दृढ़ भावानुरक्ति!

यह प्रेम जगत का एक मूल
जीवन की धारक शक्ति यही जाओ मत इसको कभी भूल
यह है भावक की भावदशा करुणा के खिलते जहाँ फूल
पाकर मधुमय शीतल फुहार प्रशमित हो जाता अग्नि-दाह
संवेदन की पावन मृदुता दे जाती मन को जलद-छाँह

अनहत के स्वर में हो जाते बाहर-भीतर के तार एक
जब प्रेम-धार प्रवहित होती मिल जातीं धाराएँ अनेक
मधुवन छा जाता प्राणों में कलियाँ बन जाते सभी शूल
जीवन की यह शोभा अकूल।

मानव अपने को गया भूल
फल-फूल रही हैं शाखाएँ सूखा ही अब तक रहा मूल
हो गई दृष्टि धूमिल जब से आँखों में गड़ने लगी धूल
अपना लक्षित संधान लिए चल रहा नियति का व्यंग्य-बाण
कैसी अदृश्य इंगिति है वह जिसके भय से हैं विकल प्राण
पलता है माँ का गर्भ जहाँ जल रही वहाँ पर जठर-आग
हो जाते हैं सब खाद्य ज्वलित अर्भक फिर भी गाता विहाग
रक्षा करता है कौन वहाँ देकर अपना आश्रय-दुकूल
धारा को ज्यों मिल गया कूल।

सबका निश्चित है जन्म-मरण
मन का भ्रम-संशय छोड़ मनुज निज आत्मा के हो जाय शरण
जग के भोगों में डूब स्वयं करता प्राणों का व्यर्थ क्षरण
यह श्रेष्ठ प्रकृति की रचना भी निज कर्मों से हो रही भ्रष्ट
अपनी ही आहुति-ज्वाला में जीवन सारा कर रही नष्ट
जागृति में भी जड़ता गहरी चेतन की यह कैसी सुषुप्ति
जब तक 'मैं' का विस्फोट न हो दुःख-द्वंद्वों से कैसी विमुक्ति
हर जीव डूबता-उतराता भव-सागर में कर रहा तरण
जब बुद्धि स्वयं हो गई हरण!

यह जन्म-मरण का कठिन ध्वांत
अवसान उदय के साथ सदा- यह सोच मनुज हो रहा क्लांत
प्रियजन का देख वियोग स्वयं मन हो जाता व्याकुल-अशांत
घटता जीवन का स्नेह सदा क्षण-क्षण होती यह आयु क्षीण
किस मद में है डूबा मानव कहता वह अनुभव में प्रवीण

विश्राम नहीं जीवन-पथ पर चलना है आगे और दूर
है खड़ी प्रतीक्षा में मंज़िल लेकर चंदन, बाती, कपूर
लेकर मन में संकल्प नया चल पड़े सकल यह विश्व-प्रांत
यह जीवन बन जाए सुखांत।

निर्गुण की है महिमा अनंत
उस दिव्य ज्योति की आभा से भासित हैं सारे दिग्-दिगंत
ऋक्, यजुष्, साम कह 'नेति-नेति' पाते न कहीं पर आदि-अंत
कर तंत्र-मंत्र में गुण निबद्ध उद्गीथ हुई गाथा अथर्व
उसकी विराटता देख स्वयं मानव का खंडित हुआ गर्व
विस्मित हो जग अवलोक रहा उस दीर्घ जलधि का महाज्वार
बहते-उतराते जीव सभी सुर-मुनि भी पाते नहीं पार
सब दौड़-दौड़कर थक जाते है इस पथ की सीमा दुरंत
कहते आए हैं यही संत।

मायापति माया से असंग
उस तंतुवाय का वसन एक, लेकिन हैं उसके विविध रंग
जैसे पानी के रूप भिन्न आवर्त, लहर, बुदबुद, तरंग
वह जलधि एक जड़-चेतन में बहती है एक वही धारा
उसकी ही रसमय बूँदों से यह भीग रहा है जग सारा
चौदहों भुवन के आर-पार है महासिंधु वह लहराता
जागृति, सुषुप्ति में, सपनों में, चैतन्य वही बनकर आता
उठती जब ऐसी ज्ञान-लहर हो जाता सब अज्ञान भंग
खुल जाते हैं जीवन-प्रसंग।

जल में नलिनी का सदा वास
जल ही जिसका आधार स्वयं फिर भी वह क्यों रहती उदास
अस्तित्व-बोध के बिना नहीं होता निज सत्ता का विकास
घट-घट वासी वह निराकार सारे रस में जल यथा व्याप्त
इस चिंतन के अवधान बिना अनुभव होता है नहीं प्राप्त

यह क्षणिक मोद दुःख का कारण है ऐंद्रिय सुख का रसानंद
माया में मायातीत बना जीवन का जो गा सके छंद
गुंजित होता अंतर् उसका प्राणों में भर जाता उजास
मन में सुमनों जैसा सुवास।

सबमें भासित है तत्त्व एक
सत्ता का मर्म न ज्ञात उन्हें जो मान रहे उसको अनेक
अज्ञान भरा मन के भीतर फिर यह कैसा ज्ञानातिरेक
नित जीवों की हिंसा करना बन गई मनुज की धर्म-नीति
हर प्राणी में जब तत्त्व वही फिर क्यों ऐसी होती अनीति
सबके प्रति करुणा-भाव जगे हो सफल तभी पूजा-नमाज़
पतवार-प्रेम ले हाथों में नित प्रगति करे मानव-समाज
हर मानव में मानवता का हो जाय फलित राज्याभिषेक
जागे सबमें ऐसा विवेक।

संतों का मन कितना उदार
जीवन परार्थ के हेतु सदा बहता गंगा-सी विमल धार
उर में करुणा का भाव सबल मति में मैत्री का है प्रसार
धरती-सा धीरज और क्षमा सागर जैसा गांभीर्य-बोध
मानापमान में भी जिनको आकुल करता है नहीं क्रोध
चलती है उनकी नाव सदा धाराओं से होकर विरुद्ध
घुल जाती उनकी साँस जहाँ हो जाय वहाँ की वायु शुद्ध
मन-कर्म-वचन से विनत सदा छू सका न जिनको अहंकार
हर प्राणी के प्रति सदा प्यार।

संतों का यदि मिल जाय संग
होती है अविरल प्रेम-वृष्टि उठती हर क्षण सुख की तरंग
सत्संगति की लिपियाँ पढ़कर खुल जाते सब दुःख के प्रसंग
अंतर्ज्वाला से तप्त मनुज बन जाता है शीतल चंदन
संगति की पावन महिमा का करता जग सारा अभिनंदन

खुल जाता अंतर्ज्ञान-पटल हो जाता है दुर्बुद्धि-नाश
तम से निरुद्ध जीवन-पथ को सहसा मिल जाता है प्रकाश
प्राणों के रस में घुल जाते जीवन-अनुभव के विविध रंग
सक्रिय हो जाते अंग-अंग।

अवधू, हम जनम-जनम योगी
फिर क्यों माया के वशीभूत हो गया पतित मानव भोगी
उपचार बहुत कुछ किया किंतु है बना हुआ जीवन रोगी
माया में मन की बेचैनी यह है कैसा उपभोगवाद
'सोऽहम्' से हट 'तू-तू, मैं-मैं' का छिड़ा हुआ क्षण-क्षण विवाद
मन भ्रमित हुआ लिप्साओं में चेतनता का जागरण भंग
उठती उमंग है रग-रग में फिर भी हैं सारे शिथिल अंग
भँवरों के बीच फँसी नौका उस पार भला कैसे होगी
हैं विफल हुए सब उद्योगी।

यह जाति-पाँति का व्यर्थ भेद
सबमें है चेतन तत्त्व वही मानव फिर क्यों करता विभेद
अज्ञान न मिट पाया अब तक जीवन भर पढ़ता रहा वेद
अपनी लघुता का ध्यान नहीं ऊँचा होने का बड़ा दंभ
अपने को कहना श्रेष्ठ स्वयं है यही पतन का समारंभ
घट-घट में अवघट की सत्ता सबमें है व्यापक ब्रह्म एक
वह महासिंधु है एक स्वयं लेकिन उसकी लहरें अनेक
हर प्राणी में उसका निवास फिर आपस में किस लिए भेद
मन में होता बस यही खेद।

मधुमय वाणी की बहे धार
मीठी बोली है अमृत सदृश कानों में करती रस-फुहार
वर्जित हैं अप्रिय शब्द सदा करते हैं जो उर पर प्रहार
कटुतम वाणी से मर्मांतक होता है कोई नहीं घात
घायल हो जाता है अंतर् जैसे हो कोई वज्रपात

जीवन में ज्ञान-विमर्श बिना दिन भी बन जाता स्वयं रात
वह निशा-चक्र में घूम रहा है सुलभ नहीं उसको प्रभात
दुश्चिंता में आबद्ध मनुज का हो जाता हर बंद द्वार
वांछित है जग में सदाचार।

सबके प्रति मन में रहे प्रीति
युग-युग से शापित धरती पर हो जाय प्रतिष्ठित धर्म-नीति
चिंतन पवित्र हो मानव का उर में करुणा की हो प्रतीति
कर्तव्य-बोध का भाव जगे हो दूर सभी की आधि-व्याधि
दुःख-दैन्य न आए निकट कभी हो सुलभ सभी को सुख-समाधि
जीवन के उर्वर आँगन में मंगल की होती रहे वृष्टि
नर बाँट सके सुख-दुःख सबका मिल जाय धरा को नई दृष्टि
सबके अंदर सद्भाव जगे हो दूर हृदय से छद्म-भीति
जग से सब मिट जाए अनीति।

•

संयोजन

कविवर कबीर
काव्य-तत्त्व के उदात्त रूप
प्रेम के आलोक से
ज्यों प्रदीप्त व्योम हो
घूमते ब्रह्मांड में
शब्दों के तारकगण
बोध रूप ग्रह-पिंड
पथ की प्रदक्षिणा में
अनहत के स्वर जहाँ
होते हैं शब्दायित
कहते हैं वे
अपने भाषिक संकेतों में :
"अंतर् में वहन करो
ग्रहण करो आशय को
समय की शिलाओं पर
लिखी हुई
जीवन की भाषा को
अब भी जो साक्षी है
मानव के...
दुर्निवार विग्रह की।

अलग-अलग वृत्तों में
घिरी हुई...
अपने-पराए के
अंतर की रेखाएँ

अनुभव के धुँधले आकाश में
टिमटिमाती हुई
अपनी आकृतियाँ बनाती हैं
करते हैं उमड़-घुमड़
अंधी आस्थाओं से
दीर्घ घटाटोप जहाँ!

किंतु वहीं...
उत्सव के मोद में
गातीं हैं हवाएँ
वेणु-रंध्रों से प्रेम-गीत
स्वस्ति की प्रशस्ति का
अरुद्ध अनुतान लिए
विटप-वल्लरियाँ सब
लहरातीं झूम-झूम
अँगड़ाई लेती हुई
डालों को चूम-चूम
(पलता है प्रेम जहाँ
नीड़ों के आश्रय में)
नभ की असीमता में
अपना विस्तार खोज
फूलती और फलती हैं
मन की हरियाली में।"

कबीर की बानी
बरसती थी पावस बन
करते थे शिष्यजन
ज्ञानामृत-पान सदा
शब्द के साक्षी
कर्ण-कुहरों की अंजलि से
अनुभूति की व्यंजकता

जीवंत हो जाती जहाँ
खिल उठता
आँखों में तृप्ति-भाव
अधरों पर तैर जाती
सहज स्मिति
चिंतन में गहराती तन्मयता
आत्मिक धरातल पर।

जीवन एक अनुभव है
संसार में रहने का
समाज में जीने का
जड़ता की निद्रा से
जाग्रत चेतनता में
जाने की यात्रा यह
समय की आवृत्तियों में
घूमती हैं बार-बार
जीवन की दृश्य-छवियाँ
आविर्भूत-तिरोभूत
होने का यह क्रम
घटना का रूप लिए
अपनी अरूपता में
अलक्षित हो जाता कभी
लक्षित होकर भी।

कागज-मसि बिना भी
प्रेम-साधना और
ज्ञान से समन्वित
वाणी का अजस्र स्रोत
गरजता था गंगा की धारा-सा
उमड़ती हुई आती
ज्यों गगन से धरती पर

करती हर-हर स्वर
जिसका उदग्र विस्तार-वेग
अपनी लेखनी के जटाजूट में
समेट लिया आगे बढ़
शिष्य धर्मदास ने
शाब्दिक संयोजन से।

बीजरूप 'बीजक' में
काव्य की त्रिवेणी वह
साखी, सबद, रमैनी
प्रवहित हुई मानस से
रसमय धार लिए
जीवन-प्रवाह की
जिसमें अवगाहन से
निर्मल हो जाता मन
शमित हो जाते हैं
जीवन के दाह सब
निर्विकल्पक बन जाता
आत्मिक समाधि में
प्रेम का अनुष्ठान
अचिंत्य के चिंतन में
समाहित ज्यों चित्त हो।

कबीर की अमोघ
वह मंगलमय वाणी
निबद्ध हुई अक्षर में
अक्षर बन...
वाणी वह गीत नहीं
आत्मा का दर्शन है
तात्त्विक विचारों का

दृढ़तम मेरुदंड वह
सुरति-निरति का जिसमें
होता प्रवाह सदा
और फिर लहर वही
मन के जोड़ों में
नगीनों-सी जड़ी हुई
ग्रंथियों को भेदकर
बढ़ जाती ऊपर को
खिल जाता जीवन का
सोया हुआ सहस्रार
बह चलती प्रेम-धार!

'साखी' तो सचमुच
साक्षी है ज्ञान की
'सबद' में समाहित है
जीवन की साधना
'रमैनी' में भक्ति-मुक्ति की
लहराती रसधारा
सांसारिक रीति-नीति
मार्ग और मार्गी का
जीवन-संदर्भों में
सामाजिक अर्थों में
साधना के अनुभव सब
झाँकते हैं एक साथ
शब्दों के वातायन से
और खुल जाते हैं
जीवन के बंद द्वार।

लेखन बिना ही
मौखिक अभिव्यक्ति सहज

कबीर की कविता की
मौलिक विलक्षणता है
काव्य की रंजकता का
चरम आस्वाद जहाँ
जिसमें जीवन-बोध की
गहरी व्यंजकता है।

मोदित थे शिष्यजन
अपने को धन्य मान
द्वंद्वों के बंधन से
मुक्त हुआ बंदी मन
सपनों के पंख लगा
उड़ता अविराम...सतत
जीवन के झिलमिल
नीलांबर में...
जिसको बुलाता
निरभ्र क्षितिज
उषा की किरणों से योजित हो
अपनी अरुणाभा के
वलयों से आवेष्टित
अवस्थित निज स्वरूप में
बिंब के प्रतिबिंबों का
द्रष्टा बन...
दृश्य से एकीकृत
दृष्टि हो शेष जहाँ
अपने अशेष में...
दृष्टि है दर्शन में
जीवन है दृष्टि में।

•

प्रयाण

सबके हित-साधक थे कबीर
सुनते थे सबकी सदा पीर
अर्पित था नित जीवन परार्थ
मन में था किंचित् नहीं स्वार्थ
देकर सबको आश्रय-दुकूल
शूलों को करते रहे फूल
वाणी में था अद्‌भुत प्रताप
संशय मिट जाते स्वयं आप।

उर में होता भावातिरेक
सबको दिखलाते राह नेक
अतिशय निगूढ़ थी मन की गति
चेतन सत्ता में भाव सुरति
ज्यों-की-त्यों थी झीनी चादर
गागर में लहराता सागर
गंगाधारा-सी मति निर्मल
सबके प्रति मन में प्रेम सबल।

यात्रा करते थे घूम-घूम
जय-जय की होती सदा धूम
संतों की संगति का अनुभव
करता था मौलिक ज्ञान-प्रभव।

सबको करते थे क्लेश-मुक्त
पीड़ा बन जाती थी अभुक्त

जिह्वा पर रहता राम-नाम
निष्फल लगता था भोग-धाम
मिट जाती थी मन की उपाधि
लगती थी जब गहरी समाधि।

जब वयस शताधिक हुई पार
मन में रह-रह उठते विचार
"अब चलने की आई बेला
कुछ ही दिन का है यह मेला
गाते इकतारे की धुन में
गुंजित होता स्वर निर्गुन में
सूना यह देश विराना है
जीवन का नहीं ठिकाना है।"

सुनकर उनकी ऐसी बानी
आँखों में भर आया पानी
सब शिष्य व्यथा में हुए लीन
पानी बिन जैसे विकल मीन।

जीवन भर की पैदल यात्रा
घट गई देह-बल की मात्र
पैरों की मंथर हुई चाल
सन के जैसे हो गए बाल
अब शिथिल सभी हो गए अंग
नीरव थी प्राणों की तरंग
मस्तक पर फिर भी दीप्त कांति
मुखमंडल पर थी अचल शांति
देता था मन को शक्ति योग
विस्मित हो जाते देख लोग
दिखता अब भी उत्साह शेष
बाँहों में दृढ़ क्षमता अशेष

चिंतित थे फिर भी सभी शिष्य
संकट में हो जैसे भविष्य।

"गुरुदेव, तनिक विश्राम करे
अपनी काशी में ही ठहरें
यात्रा करना अब करें बंद
(यह कहते ही स्वर हुआ मंद)
जग में हैं कितने अधिक क्लेश
दुःख-आपूरित जीवन-प्रदेश
दिखता है कोई नहीं अंत
साक्षी हैं जिसके दिग्-दिगंत
अनुभव करते यह स्वयं आप
अब कौन सकेगा इसे नाप।"

"साधो, जीवन-क्रम सांध्य-भोर
दुःख में आकुल सुख में विभोर
इच्छित सबको केवल प्रकाश
सुख सुलभ सदा हो अनवकाश
भरता मन में भय अंधकार
दुःख का क्षण लगता दुर्निवार
तम है जीवन की मृत्यु-भीति
तम में ही ऊषा की प्रतीति
आतप जब हो जाता दाहक
दुःख बनता सुख का संवाहक
दुःख में होता है आत्मशोध
मिलता है पथ का दिशा-बोध
जाग्रत होती जीवनी शक्ति
हो जाती द्वंद्वों से विमुक्ति
मन में होती गहनानुभूति
मिल जाती है सुख की विभूति
बहता साँसों में सरस राग

मिट जाता है दुःख का विहाग
अनुभव बिन पीड़ा का प्रभाव
जड़तामय कर देता स्वभाव
सुख-दुःख का यह सागर-मंथन
देता मानव को नव जीवन।"

संवत् पंद्रह सौ पचहत्तर
दिन दोपहरी का हुआ प्रखर
शिष्यों से कहते थे कबीर :
"हम संघर्षों में पले वीर
यात्रा की अब अंतिम बारी
मगहर चलने की तैयारी
अब समय नहीं, मत करो देर
यह नियति-चक्र का अटल फेर।"

शिष्यों का मन हो गया मलिन :
"यह आया है कैसा दुर्दिन!
गुरुदेव, वहाँ मत करें गमन
अब शिथिल हो गया है यह तन
चलने-फिरने की नहीं शक्ति
काशी से यह कैसी विरक्ति
मगहर मरने पर मिले नर्क
(मिलकर सब देते यही तर्क)
काशी जीवन का मुक्ति-धाम
कण-कण में बसते जहाँ राम।"

विस्मित हो कहते थे कबीर :
"शिष्यो, तुम क्यों इतने अधीर
मैं पथिक और जीवन-यात्री
साक्षी यात्रा पथ की धात्री
जीवन-यात्रा हो या पथ की

अविरल गति कर्मों के रथ की
मैं दोनों यात्रा का सहचर
हो जाय भले ही काल अचर
मैं कभी न इससे घबराता
हर समाधान निज में पाता
कर विविध योनियों की यात्रा
जीवन में चलने की मात्रा-
कर्मों से होती निर्धारित
हर नियम जहाँ होता पारित
हँसता-रोता है जीव सदा
पग-पग पर आती है विपदा
पल भर भी है विश्राम कहाँ
हरि-भक्त जहाँ हैं धाम वहाँ।

लहराकर कहता लहरताल :
जीवन यह जैसे तंतु-जाल
मानव फिर-फिर पट को सीता
दु:ख और सुखों के रस पीता
है कभी मधुर तो कभी तिक्त
प्राणों का घट हो रहा रिक्त
सब जीव कर्म-फल रहे भोग
यह सत्य जानते सभी लोग
होता जो सचमुच राम-भक्त
जग से रहता है अनासक्त
यदि काशी में तन करूँ त्याग
फिर राम-भक्ति को लगे दाग
काशी से हैं क्यों बँधे लोग
मगहर में भी हैं सधे लोग
घट-घट में हरि का जिसे भान
उसको मगहर काशी समान
मानव क्यों झूठा करे तर्क

स्वर्गिक जीवन बन रहा नर्क
कर दूँ अब अंतिम लक्ष्य-भेद
है बचा अभी तक एक छेद
आडंबर का मिथ्यापवाद
मिट जाए सब भ्रम का विवाद
निर्णय मेरा जाना मगहर
मैं राम-भक्ति की प्रेम-लहर।"

सुनकर वह दुःखमय समाचार
हो जैसे बाणों का प्रहार
काशी-वासी सब हुए विकल
हो गया क्षीण प्राणों का बल।

"अब होगा फिर कैसे मिलाप
(कातर हो सब करते विलाप)
सूनी हो जाएगी काशी
यह देह बिना ज्यों अविनाशी
तरुवर जैसे फल-पुष्पहीन
हाथी ज्यों गजमुक्ता-विहीन
सरिता हो जैसे बिना नीर
वैसे यह काशी बिन कबीर।"

रो-रोकर सबका बुरा हाल
जागा दुःख का सागर विशाल
था जन-समूह का वह मेला
अति करुण विदाई की बेला
चिंता में थे सब हुए मग्न
मन के सपने हो गए भग्न
आँखों में छाई घनी रात
कलरव बिन ज्यों सूना प्रभात
आशा के तरु हो गए खंड
आई ऐसी आँधी प्रचंड
कर त्याग जलद का रस सारा

हो शांत यथा सागर खारा
वैसे काशी हो गई मौन
कुछ ज्ञात न होता कहाँ कौन
चल पड़े शिष्यजन साथ-साथ
काशी की जनता थी सनाथ।

प्रिय धर्मदास, गोपाल सुरति[1]
जागू-भागू की ले संगति
श्रीपद्मनाभ भी चले साथ
श्रद्धा में सबके झुके माथ
चल दिए और सब गुरुभाई[2]
काशीपति[3] करते अगुवाई
सहचर बनकर बांधव-नरेश[4]
चलने को उद्यत बिना क्लेश
यात्रा में बढ़ने लगी भीड़
भावों का निर्मित सघन नीड़
हिंदू-मुस्लिम चल रहे साथ
पाकर वे अपने को सनाथ।

पहुँचे कबीर जब गोरखपुर
संतों का संगम पुण्य प्रहर
आमी-तट पर करसवल गाँव
धूनी हित वह उपयुक्त ठाँव
रुक गए वहाँ पर सभी संत
पतझड़ में ज्यों आया वसंत
दर्शन हित बिजली ख़ाँ पठान
आए अपने को धन्य मान

1. सुरति गोपाल (श्रुतिगोपाल)
2. रैदास, सेन, धन्ना, पीपा, सधना इत्यादि
3. राजा वीरदेव सिंह
4. राजा राम सिंह

मानी वे मगहर के नवाब
रस-मोद भरे जैसे गुलाब
उर था श्रद्धा से सदा पूर्ण
सेवा बिन था जीवन अपूर्ण।

इच्छित कबीर का मनोभाव :
(गतिमय ज्यों धारा का बहाव)
"हरि-कीर्तन का हो आयोजन
फिर भंडारे का हो भोजन
प्रेषित हो सबको आमंत्रण
हो तृप्त यहाँ का हर कण-कण।"

पा समाचार यह सभी लोग
चल पड़े छोड़ धनधाम-भोग
पहुँचे आमंत्रित साधु-संत
खुशियों की थीं लहरें अनंत
चलकर आए योगी गोरख
जिनको थी निर्गुण-ज्ञान-परख
गहरा था सबका प्रेम-रंग
सत्संगति के सुनकर प्रसंग
संपन्न कार्य सब तदनुरूप
आयोजन था सचमुच अनूप।

मिलकर करते सब विनय एक :
"मगहर पर हैं संकट अनेक
पड़ता है पानी बिन अकाल
सूखे का फैला यहाँ जाल
टूटा विपदा बन प्रकृति-कोप
घटता न दुःखों का घटाटोप
सब अन्न बिना मर रहे लोग
भूखे रह सधता नहीं योग
उपवास कठिन कृश हुआ गात

सब काट रहे दुःख दिवस-रात
गुरुवर की हो यदि कृपा-दृष्टि
सुख की हो जाए नई सृष्टि।"

चाहे कितनी हो गहन अमा
साधक की है ऐसी महिमा
नभ में खिल जाता चंद्रहास
हो जाता है चहुँ दिशि उजास
तापस का करुणामय स्वभाव
दिखलाता है अद्‌भुत प्रभाव
घिर गए अचानक मेघ घने
ओरी की धार लगी बहने
साधक की जय-जयकार हुई
भक्तों की सफल पुकार हुई
भर गए नदी, सर और ताल
तरुओं की फिर से हरी डाल
पक्षी सब करने लगे शोर
नर्तन में पुलकित हुए मोर
कौतुक में मोदित हुए भेक
आलाप अलग सुर-ताल एक
बह चली शांति-सुख की बयार
बीजों में अंकुर हुआ प्यार
जल से आपूरित हुए खेत
दुःख की संचित बह गई रेत
अधरों पर सबके खिला मोद
झुक झूम-झूम बरसे पयोद
मगहर की धरती हुई धन्य
पाकर जीवन का सुख अनन्य।

आमी की बहती तेज धार
मिलकर शिष्यों ने किया पार

फिर बनी वहाँ सुंदर कुटीर
लहरों से ध्वनिमय जहाँ तीर
मिलने हित उमड़ा जन-समूह
टूटा माया का कठिन व्यूह
सब हुए दिव्य सुख में विभोर
भर गया प्रेम-रस पोर-पोर
फिर से आयोजित भंडारा
पाया प्रसाद मगहर सारा
हो तुष्ट सभी निज गए गेह
उर में रस-प्लावित हुआ नेह।

× × ×

बैठे पद्मासन में कबीर
रोधित था साँसों का समीर
करके प्राणों का स्वर समान
अंतर्तम में रम गया ध्यान
लग गई सहज गहरी समाधि
मिट गई बहिर्मन की उपाधि।

फूटी वाणी कर मौन भंग
नद की जैसे गर्जित तरंग :
"मेरा अब पूरा हुआ काल
सिमटा जीवन का इंद्रजाल
साधो, है अंतिम यही सत्य
त्यागो भ्रम-संशय का असत्य
अब छोड़ स्वयं यह देह-भाव
देखो निज सत्ता का प्रभाव
सबका है अब दायित्व एक
चैतन्य रहे अपना विवेक
बनकर मानव के प्रति उदार
सबमें मैत्री का हो प्रसार
नित प्रेम-मार्ग पर चलें लोग
आत्मा से मन का रहे योग

पथ के ज्योतिर्मय दीप बनें
मोती के दुर्लभ सीप बनें
लहरों का स्वर अनुकूल रहे
आशा का खिलता फूल रहे
हों दूर सभी के रोग-शोक
बन जाय अभय यह मृत्यु-लोक
सबको जीवन में मिले शांति
मिट जाय सभी की मन:क्लांति
जग में न कहीं दु:ख-दाह रहे
सबकी मंगलमय राह रहे
जीवन में रस की धार बहे
सबका सुखमय आषाढ़ रहे
धरती नित देती रहे अन्न
जग में सब प्राणी हों प्रसन्न
मैं चला सत्य की लिए राह
अब और न कोई मुझे चाह।"

यों कहते स्वर हो गया मंद
कवि का ज्यों पूरा हुआ छंद
तिथि एकादशी पुनीत माघ[1]
शीतल था दिनकर का निदाघ
चलता था मलयज पवन मंद
पलकों का पट हो गया बंद
साधक का ऊपर चढ़ा ध्यान
बाणों से खाली थी कमान।

उस दिव्य तेज से मिला तेज
कोमल फूलों से सजी सेज
घिर गए निराशा के बादल
शोकाकुल था शिष्यों का दल

1. संवत् : 1575

सब करते थे क्रंदन-विलाप
अतिशय दारुण था विरह-ताप
जीवन की टूट गईं कड़ियाँ
बिखरी थीं आशा की लड़ियाँ
युग का सूरज हो गया अस्त
दुःख में डूबा मगहर समस्त
हो गया हृदय भू का विदीर्ण
आकुल था सारा जनाकीर्ण
अविरल था आँसू का प्रवाह
जीवन की सूनी हुई राह
युग की वह भावी पृष्ठभूमि
तम में भी पथ की सृष्टिभूमि
बनती जो जीवन का प्रकाश
कर देती जड़ता का विनाश।

लेकर शिष्यों ने मृत शरीर
पहुँचे फिर आमी नदी-तीर
करने हित शव का अग्नि-दाह
लेकिन आगे की कठिन राह
आए सुन बिजली ख़ाँ पठान
शिष्यों में थे कुछ मुसलमान
देखा जब भस्मित अस्थि-फूल
उर में जैसे गड़ गया शूल
तलवारों की खुल गईं म्यान
हो गया दिशा से भ्रमित ज्ञान
बन गई धरा वह युद्ध-क्षेत्र
क्रोधावेशित हो गए नेत्र।

× × ×

सहसा चेतन में हुई दीप्ति
जड़ता की सब टूटी प्रसुप्ति
मन की कटुता का मिटा दोष

स्वर का गुंजित ज्यों हुआ घोष :
"हे शिष्यो, यह किस लिए क्रोध
कैसा यह आपस में विरोध
यह पंचतत्त्व से रचित देह
नश्वरता का यह क्षणिक गेह
हिंदू हो या फिर मुसलमान
सबके अंदर आत्मा समान
यह देह नियति-क्रम के अधीन
निज तत्त्वों में हो गई लीन
तन का कैसा मिथ्याभिमान
मत में मति का बँट रहा ज्ञान
हो प्रेय सभी को सत्य-बोध
जीवन के पथ का करो शोध
हिंदू-मुस्लिम की राह एक
तर्कों में क्यों मति हो अनेक
त्यागो मन की यह व्यर्थ भ्रांति
हो प्राप्त सभी के लिए शांति।"

झुक गए सभी कर से कृपाण
लज्जा से विगलित हुए प्राण
आपस में सबको हुई ग्लानि
भ्रम में होती है बड़ी हानि
मन का सारा मिट गया द्वंद्व
उर में लहराता घनानंद।

× × ×

संवाद-मुखर थे अस्थि-फूल :
"मानव करता है सदा भूल
निश्चित है इस तन का विनाश
एकित हो जाता चिदाकाश
धरती यह सबकी शरण-गोद
मिलता है अंतिम यहीं मोद।"

फूलों की थी महिमा विराट
दोनों धर्मों ने लिया बाँट
हिंदू-आस्था की बन उपाधि
निर्मित थी साधक की समाधि
मुस्लिम शिष्यों ने किया प्यार
मिल सबने बनवाई मज़ार
ले सुमन शेष प्रिय श्रुतिगोपाल
श्रद्धा में अवनत हुआ भाल
लाए कबीर-चौरा काशी
घट-घट में जैसे अविनाशी
निर्मित समाधि थी वह अलीक
दृढ़ सत्य-साधना का प्रतीक।

× × ×

मगहर की वह निर्वाण-भूमि
हिंदू-मुस्लिम की प्राण-भूमि
पूरब मंदिर पश्चिम मज़ार
दोनों धर्मों का एक द्वार
पथ अलग किंतु गंतव्य एक
नदियों की ज्यों धारा अनेक
सारे धर्मों की यही लीक
मंगलमय जग के लिए ठीक
सबके प्रति सबमें रहे प्रेम
हो सुलभ सभी को योग-क्षेम।

•

प्रत्यय

हंसा उड़ गया गगन में,
सूना संसार पड़ा था।
पद-चिह्न अमिट हैं जग में,
ऐसा वह जीव बड़ा था।

अनुभूति सहज थी मन की,
उर का आशय गहरा था।
संसृति-तट के घाटों पर,
लगता जिसका पहरा था।

आगंतुक बन इस घर में,
है कौन यहाँ रुक पाया!
जाना सबका निश्चित है,
जो भी है कोई आया।

धरती सोपान बनी थी,
नभ-पथ के आरोहण में।
सब अनजाने-से लगते,
यात्रा के अंतिम क्षण में।

जिसने सारी दुनिया को,
सुख-नेह सदा बाँटे थे।
परहित के हेतु व्यथा में,
अपने दुर्दिन काटे थे।

जिसके टूटे छप्पर में,
आलम होता मस्ती का।
वैभव न्योछावर होता,
प्रासादों की हस्ती का।

मूल्यों के, सिद्धांतों के,
बाज़ार जहाँ लगते थे।
घर-घर मैत्री-करुणा के,
नव साज जहाँ सजते थे।

चुपके से घात लगाकर,
बटमार वहाँ अब आते।
अवसर का लाभ उठाकर,
पूँजी सारी ले जाते।

जीवन के मणि-रत्नों का,
सब कोष हुआ है खाली।
मुस्कान रहित अधरों पर,
दिखती क्षण भर की लाली।

मन के बंजर खेतों में,
अब फूल नहीं हैं खिलते।
हृदयों के बीच तटों के,
अनुबंध नहीं हैं मिलते।

मधुमास जहाँ सुरभित था,
चलतीं अब तप्त हवाएँ।
खुशियों के दीप्त वलय को,
हैं घेर रही विपदाएँ।

परिवेश सदाशयता का,
भंजित हो वाम हुआ है।
संतों की सज्जनता का,
गौरव नीलाम हुआ है।

आचरण-विमुख जीवन में,
उपदेश यहाँ हैं कोरे।
रंगों की चल-माया में,
मन हैं काले तन गोरे।

लिपटे हैं धर्म यहाँ पर,
अपने-अपने झंडों में।
यह देश हमारा फिर से,
डूबा है पाखंडों में।

आस्था की छल-नगरी में,
अंधे भक्तों का दल है।
कोई भी निकल न पाता,
ऐसा गहरा दलदल है।

ध्यानावस्थित हो कर में,
पूजा के थाल लिए हैं।
लेकिन अपने अंदर वे,
चेहरा विकराल लिए हैं।

डर लगता है जाने से,
पंडों के मठ-आश्रम में।
सर्पों का वह चंदनवन,
मानव है फिर भी भ्रम में।

खंडित हैं लोग मतों में,
धर्मों में, जाति-प्रथा में।
अभिप्राय हुए हैं बहरे,
शब्दों की अर्थ-कथा में।

हैं हाट लगे सुविधा के,
सबके अपने धंधे हैं।
जीवन के भार-वहन में,
मन के दुर्बल कंधे हैं।

कर्मों की शुभ निष्ठा पर,
छल-नीति यहाँ हावी है।
मूल्यों के अध:पतन का,
हर प्रतिफल संभावी है।

निर्भय मैदान खुले हैं,
हिंसा का होता नर्तन।
युग की इस बंद गली में,
भू का कैसा आवर्तन!

सबकी है एक धरा यह,
पर लोग बँटे देशों में।
रूपों की भाव-विलगता,
अपने-अपने वेशों में।

जिस धरती पर नारी को,
देवी समझा जाता है।
सारा जग मुक्त स्वरों से,
जिसकी महिमा गाता है।

वह आज डरी-सहमी है,
नर के अत्याचारों में।
शीतल सुकुमार लता वह,
जलती है अंगारों में।

साधक कबीर जिस जग में,
पाखंडों से जूझे थे।
निज अनुभव की यात्रा में,
जीवन के पथ बूझे थे।

अब उनके मठ-पंथी ही,
उलझे घर की माया में।
अजपा का मौन मुखर है,
मंत्रों की स्वर-काया में।

अब भी कबीर अंबर से,
अवलोक रहे अग-जग को।
मन देख व्यथित हो जाता,
हर घायल हुए विहग को।

अपने दुःख से भी ज़्यादा,
दुनिया का उनको दुःख है।
सहसा विश्वास न होता,
जो आँखों के सम्मुख है।

अपने घर में रहकर भी,
इंसान हुआ बेघर है।
इस दुनिया के मेले में,
खोया हर गाँव-शहर है।

पंथी की देख विपथता,
वे विकल हुए हैं मन में।
निज से ही विलग हुआ-सा,
वह भटक रहा निर्जन में।

जब-जब देखा दुःख जग का,
अंतर् मेरा रोया है।
मानव के हेतु सदा ही,
मैंने सब कुछ खोया है।

कहते कबीर रो-रोकर,
मत मुझको अधिक रुलाओ।
मुझ पर हँसने से पहले,
ठहरो, थोड़ा रुक जाओ।

अपनी पीड़ा को ढूँढ़ो,
सारे जग की पीड़ा में।
आमोद न एकाकी हो,
अपने सुख की क्रीड़ा में।

अपनेपन के घेरे से,
कोई भी छूट न जाए।
मानव का मानवता से,
यह रिश्ता टूट न जाए।

उर में उर्वर करुणा की,
ऐसी समाधि लग जाए।
इस बुझते-से जीवन की,
ज्वाला फिर से जग जाए।

मन की विद्रूप विकृतियाँ,
हों भस्मीभूत दहन में।
सद्‌भाव पुनः दर्शित हो,
जग के हर जड़-चेतन में।

सुख-शांति बसे घर-घर में,
सबका सबमें प्रत्यय हो।
प्राणों के पथ खुल जाएँ,
हर बंधनमुक्त हृदय हो।

सबमें हो प्रीति परस्पर,
निर्वैर सदा जीवन हो।
मैत्री के वेणु-स्वरों से,
धरती यह वृंदावन हो।

।। इति ।।